Manuale di esercizi
to accompany

A vicenda:
Lingua

Romana Capek-Habeković
University of Michigan, Ann Arbor

Claudio Mazzola
University of Washington, Seattle

Higher Education

Boston   Burr Ridge, IL   Dubuque, IA   New York   San Francisco   St. Louis
Bangkok   Bogotá   Caracas   Kuala Lumpur   Lisbon   London   Madrid   Mexico City
Milan   Montreal   New Delhi   Santiago   Seoul   Singapore   Sydney   Taipei   Toronto

 **Higher Education**

Manuale di esercizi to accompany *A vicenda: Lingua*

1 2 3 4 5 6 7 8 9 QPD/QPD 0 9 8

ISBN: 978-0-07-327437-9
MHID: 0-07-327437-2

Editor in Chief: *Michael Ryan*
Publisher: *William R. Glass*
Executive Editor: *Christa Harris*
Director of Development: *Susan Blatty*
Editorial Coordinator: *Margaret Young*
Marketing Manager: *Jorge Arbujas*
Production Editor: *Alison Meier*
Production Supervisor: *Louis Swaim*
Composition: *Palatino by Aptara®, Inc.*
Printing: *50# Skyland Offset by Quebecor World*

www.mhhe.com

Contents

Preface

The authors of *A vicenda* have designed an original program for intermediate students of Italian. *A vicenda: Lingua* provides a thorough and streamlined grammar review, giving you the tools to express yourself with increasing confidence and accuracy. *A vicenda: Cultura* offers abundant opportunities to work with up-to-date, culturally rich readings and other materials, many of which were originally written for native speakers of Italian. Both volumes also feature author-written texts, which include vocabulary and expressions frequently used in everyday Italian.

This *Manuale di esercizi* to accompany *A vicenda* was developed in close alignment with the two volumes—*Lingua* and *Cultura*—and follows their shared philosophy and pedagogical approach. The chapters in the *Manuale di esercizi* correspond directly to the chapters of the *Lingua* text and offer a combination of controlled and interactive exercises, as well as creative activities. Each chapter of the *Manuale di esercizi* is divided into two sections: **Prendete penna e calamaio!** (written practice) and **Aprite le orecchie!** (oral practice).

PRENDETE PENNA E CALAMAIO!

The **Prendete penna e calamaio!** section provides additional practice of vocabulary and structures. Each chapter is divided into the following four sections:

- **Vocabolario attivo** This section features synonym/antonym exercises, dialogue completion, and a variety of writing activities which develop and stretch your active and passive command of Italian by encouraging you to use chapter vocabulary from *Lingua* in a natural context.
- **Strutture** Coordinated with the grammar presentations in the *Lingua* volume, this section features both controlled exercises—useful for practice and review of specific structures—and interactive, contextualized activities that encourage you to apply what you've learned to more communicative and imaginative tasks.
- **Precisiamo!** This section presents a selection of idioms, "false friends," and word groups that are related to the chapter theme and designed to help you express yourself with greater precision and assurance.
- **Autovalutazione** This section helps you assess your mastery of the structures presented in the chapter, thus better preparing you for quizzes and exams. It consists of several condensed exercises that target specific grammar points while recycling the vocabulary of the chapter.

Answers to the written exercises are provided in the Answer Key at the back of the *Manuale di esercizi*.

APRITE LE ORECCHIE!

The **Aprite le orecchie!** section of the workbook is designed for speaking and listening-comprehension practice. Each chapter is divided into the following four sections:

- **Vocabolario attivo** This section helps develop listening comprehension skills by having you listen to a speaker read vocabulary or expressions and then complete an activity based on that discourse. To successfully complete the activity, you will have to recall the vocabulary, expressions, and grammar points of the chapter.
- **Strutture** These sections match the grammar sequence in *Lingua* and provide oral practice of specific grammatical structures, as well as comprehension activities and opportunities for self-expression. They will be most valuable if you repeat them until you can do them with confidence and ease.
- **Ascoltiamo!** The listening-comprehension activity in this section follows the theme of the chapter in a variety of forms and contexts drawn from authentic sources. These passages are usually more challenging because they contain a wealth of cultural information. You will probably not understand every word but the more often you listen, the more you will gain in

terms of vocabulary retention, familiarity with the patterns of spoken Italian, and confidence in real-life listening situations. Remember, the more you listen to the passages, the greater your reward in terms of linguistic ease and cultural sophistication.

Most answers are given after each exercise in the Audio Program; those that need to be written out are given in the Answer Key at the back of the *Manuale di esercizi.* The people you hear on the recording are all native Italian speakers. We encourage you to take full advantage of the opportunity to learn from their pronunciation and intonation.

Capitolo Introduttivo   Presentiamoci!

PRENDETE PENNA E CALAMAIO!*

Lessico ed espressioni comunicative

Vocabolario attivo

Dialoghi-lampo. Completa gli scambi con i vocaboli elencati nel **Lessico ed espressioni comunicative.**

1. —Alex, perché telefoni spesso a tua madre? Di che cosa parlate?

   —Parliamo un po' di tutto. Devo ammettere di essere un vero _____.

2. —Lele, che lavoro fa tuo padre?

   —Fa _____. Anche mia madre lavora, ma non siamo una famiglia

   _____. E tuo padre che fa?

   —Adesso è in pensione, ma una volta era _____ a Napoli.

3. —Lele, smetti di mangiare tanti dolci! Non vedi che sei ingrassato?

   —Lasciami stare, lo so di essere _____, però _____

   lo sei anche tu, mangi troppa carne.

4. —Sai Lele che sono proprio stanco di sentire sempre dai miei di essere un prodotto tipico

   della nostra generazione, senza interessi e _____.

   —Anche i miei sono all'antica. Parlano sempre dei tempi quando ero

   _____ da molte scuole.

5. —Mio padre vuole che io studi giurisprudenza, _____ io ho scelto

   lettere.

   Lui vede questo come _____ della sua autorità.

   —Ma che ti importa? Sei contento di studiare quello che ti piace e ciò basta.

_____

*An old-fashioned expression used by school teachers to instruct students to be ready with their pen and ink.

Strutture

1. Pronomi personali soggetto

In pratica

A. Quale pronome? Quale pronome usi per parlare *di* queste persone? Segui l'esempio.

ESEMPIO: Emmanuela → lei

1. Bo _____

2. gli amici _____

3. la dottoressa Pirrone _____

4. Alex e Lele _____

5. Marta _____

6. i signori Fredi _____

B. Ancora una volta! Ora di' quale pronome usi per parlare *a* queste persone. Segui l'esempio.

ESEMPIO: Emmanuela → tu

1. Bo _____

2. gli amici _____

3. la dottoressa Pirrone _____

4. Alex e Lele _____

5. Marta _____

6. i signori Fredi _____

C. Con o senza? Completa gli scambi con le forme adatte dei *pronomi personali,* se necessario. Se non è necessario, lascia lo spazio vuoto.

1. —Ragazze, di dove siete _____, di Napoli? _____ sono di

    Napoli, ma la mia amica è di Catania.

2. —Ilaria, dai, paghiamo _____. Non fare _____ così! No, no,

    offro _____ questa volta.

3. —Conosci Lara e John? Come sono? _____ è un amore, ma

    _____ è proprio antipatica. Non la sopporto (*I can't stand her*)!

4. —Davide, _____ scendo adesso. Vieni anche _____? Sì, vengo

    anch'_____. Aspetta un attimo _____ devo solo pettinarmi.

2. Presente indicativo dei verbi *essere, avere* e *chiamarsi*

In pratica

A. **La famiglia di Romolo.** Parla Romolo, un giovane italiano. Completa il brano con le forme adatte di **essere, avere** o **chiamarsi.**

_____[1] Romolo, _____[2] studente di filosofia all'università «La Sapienza» di Roma, e _____[3] vent'anni. Quando qualcuno mi chiede «Com'_____[4] la tua famiglia?» io rispondo «(noi) non _____[5] mica (*at all*) una famiglia tipica»!

I nonni _____[6] rispettivamente 70 e 67 anni e _____[7] ancora molto attivi. Mia nonna _____[8] Antonia ed _____[9] scultrice; mio nonno _____[10] Giuseppe ed _____[11] sempre (*still*) la passione per la caccia (*hunting*). I miei genitori _____[12] Giorgio e Sandra e _____[13] delle carriere molto impegnative (*demanding*): mio padre _____[14] violinista ed _____[15] spesso in viaggio per motivi di lavoro. Mia madre, invece, _____[16] fotografa e _____[17] uno studio a Trastevere. (Io) _____[18] figlio unico, (noi) _____[19] anche un gatto che _____[20] Mefistofele.

Come ho detto, non _____[21] «la famiglia tipica».

B. **Domande personali.** Continua a parlare di te stesso. Completa le domande con le forme adatte di **essere** o **avere**. Poi rispondi liberamente alle domande.

1. Ci _____ molti studenti stranieri all'università? _____ degli amici italiani tu?

    _____

2. (Tu) _____ una bella macchina fotografica? Di che marca (*brand*)

    _____?

    _____

3. (Tu) _____ una pizzeria o una birreria preferita? Qual _____?

    _____ sempre molto affollata?

    _____

4. (Tu) _____ stanco/a, _____ sonno? Di che cosa

    _____ bisogno?

    _____

5. (Tu) _____ mai paura di non _____ successo con i ragazzi / le ragazze? Perché?

    _____

3. Ora, giorni, mesi, anni e secoli

In pratica

Trenta dì ha novembre
con april, giugno e settembre.
Di ventotto ce n'è uno,
tutti gli altri ne han trentuno.

A. Il tempo vola! Completa le frasi con le espressioni adatte dei giorni e mesi. Usa le preposizioni articolate e gli articoli se è necessario.

1. Secondo la filastrocca (*nursery rhyme*) che appare qui sopra, gli «altri» mesi che hanno 31

   giorni sono _____,[1] _____,[2] _____,[3]

   _____,[4] _____,[5] _____ e _____.[7]

   Quello che ne ha 28 è _____.[8]

2. Il diciannovesimo _____,[1] detto anche l'_____,[2] comprende gli

   anni _____[3] 1801 _____[4] 1900. Noi siamo _____[5]

   2009 del ventunesimo _____.[6]

3. Mio padre è nato _____[1] '50, mia madre _____[2] '53; si sono

   sposati _____[3] novembre _____[4] '78.

4. Le date di alcune feste importanti: il Capodanno è _____[1] gennaio;

   il giorno dell'indipendenza degli Stati Uniti è _____[2] luglio; il giorno

   di Natale è _____[3] dicembre.

5. Nell'antichità si credeva che i pianeti «governassero» le prime ore dei giorni della settimana.

   Di conseguenza, i nomi di alcuni giorni: da Mercurio, mercoledì; da Venere,

   _____[1]; da Luna, _____[2]; da Marte, _____[3];

   e da Giove, _____[4]

6. I nomi di alcuni mesi derivano dalla loro collocazione nell'antico calendario romano:

   _____[1] era il settimo mese dell'anno; _____[2] l'ottavo;

   _____[3] il nono; e _____[4] il decimo.

B. Che ore sono? Guarda i disegni e scrivi due volte (in due modi diversi) che ore sono. Usa le espressioni **di notte, di mattina, del pomeriggio, della sera.**

ESEMPIO: Sono le nove e un quarto di mattina.   Sono le nove e quindici di mattina.

1.

_____

_____

2.

_____

_____

3.

_____

_____

4.

_____

_____

5.

_____

_____

6.

_____

_____

C. Espressioni temporali. Completa le frasi con le forme adatte di **ora, tempo** o **volta.**

Una _____[1] Alex non è tornato a casa per il Natale, perché ogni

_____[2] che ci andava aveva litigato con sua sorella Valentina. Quest'anno però ha

deciso che era _____[3] di fare la pace con lei. Per molto _____[4]

i genitori parlano dei problemi tra lui e Valentina che esistono già dai _____[5] della

loro adolescenza. Si è discusso molto _____[6] di ciò che si potrebbe fare per migliorare

la situazione. Alla fine il padre arrabbiato con tutti e due figli diceva sempre: «È l'ennesima

_____[7] che vi dico di non litigare a casa mia!»

D. È ora di... A che ora fai queste cose? Scrivi le domande e rispondi. Aggiungi dei particolari.

    ESEMPIO: svegliarsi →

                A che ora ti svegli?

                Di solito mi sveglio alle sei, ma il sabato mi sveglio dopo mezzogiorno.

1. alzarsi _____

_____

2. recarsi all'università _____

_____

3. pranzare _____

_____

4. andare in palestra (in piscina, alla pista [*track*]) _____

_____

_____

5. tornare a casa _____

_____

6. addormentarsi _____

_____

4. Tempo e stagioni

In pratica

A. Pensieri meteorologici. Collega le espressioni della colonna A con quelle della colonna B per formare delle frasi logiche.

<table>
<tr><td align="center">A</td><td align="center">B</td></tr>
<tr><td>1. _____ State attenti sull'autostrada:</td><td>a. c'è sole e fa fresco.</td></tr>
<tr><td>2. _____ Se il lago è gelato</td><td>b. perché c'era foschia.</td></tr>
<tr><td></td><td>c. il paesaggio è silenzioso e pieno di calma.</td></tr>
<tr><td>3. _____ Fa bel tempo;</td><td>d. non dimenticate l'impermeabile!</td></tr>
<tr><td>4. _____ Mi piacciono i temporali d'estate</td><td>e. è una notte buia e c'è la nebbia.</td></tr>
<tr><td></td><td>f. domani si va a pattinare.</td></tr>
<tr><td>5. _____ Nevica ma non tira vento;</td><td>g. fa caldissimo e c'è afa.</td></tr>
<tr><td>6. _____ A Napoli d'estate</td><td>h. perché mi rinfresco camminando sotto la pioggia.</td></tr>
<tr><td>7. _____ Piove a dirotto;</td><td></td></tr>
<tr><td>8. _____ Abbiamo visto poco dall'aereo</td><td></td></tr>
</table>

Le previsioni del weekend
a cura di Francesco Di Franco

Altri temporali a Nord

Mentre nell'Italia settentrionale il tempo di questo fine settimana sarà nuvoloso o molto nuvoloso con qualche temporale locale, al Centro-Sud continuerà a splendere il sole.

I temporali non avranno la loro causa nel surriscaldamento del suolo, ma saranno dovuti agli impulsi di aria fredda al seguito delle perturbazioni che, domani e domenica, riusciranno a varcare l'arco alpino.

L'intensità dei temporali, che è uniforme sul mare, sulla terraferma varia da zona a zona, e dipende dall'orografia e dalla natura del terreno. Le catene montuose favoriscono il moto ascen-

dente dell'aria umida e instabile, consentendo ai cumulo-nembi (le nubi temporalesche) di spingersi ai limiti della troposfera (nelle nostre latitudini, 12-13 chilometri) e dar luogo a temporali anche di forte intensità.

Abbiamo accennato alla natura del terreno, quale fattore che può determinare la maggiore o minore intensità del temporale. Un esempio è dato dalla Carnia dove il clima, particolarmente aspro con venti impetuosi, non consente alla vegetazione di andare oltre una certa altitudine, per cui le vette brulle, maggiormente riscaldate, contribuiscono a esaltare i moti ascendenti dell'aria che vi passa sopra.

VENERDI'
Sulle regioni settentrionali nuvoloso con possibilità di temporali specialmente sul settore orientale. Sul resto della penisola condizioni di bel tempo. Temperatura stazionaria al Nord, in aumento al Centro-Sud.

SABATO
Una perturbazione di origine atlantica darà cielo irregolarmente nuvoloso sull'Italia settentrionale. Sulle altre zone sereno o poco nuvoloso. Venti deboli di direzione variabile. Temperatura in aumento.

DOMENICA
Una seconda perturbazione di origine atlantica darà cielo da molto nuvoloso a coperto sulle regioni settentrionali con piogge e temporali. Variabile sulle altre zone. La temperatura supererà i valori del periodo.

TEMPERATURE IN ITALIA

Città		Città		Città	
Alghero	+21 +27	Firenze	+18 +35	Pisa	+17 +33
Ancona	+20 +26	Genova	+22 +28	Potenza	+18 +23
Bari	+20 +27	L'Aquila	+16 +30	R. Calabria	+23 +32
Bologna	+18 +31	Messina	+25 +30	Roma Fium.	+20 +29
Bolzano	+12 +30	Milano	+16 +31	Roma Urbe	+20 +33
Cagliari	+21 +34	Napoli	+21 +30	Torino	+18 +29
Campobasso	+18 +25	Palermo	+22 +29	Trieste	+19 +27
Catania	+18 +32	Perugia	+18 +29	Venezia	+17 +26
Cuneo	+19 +29	Pescara	+21 +28	Verona	+15 +27

E ALL'ESTERO

Città		Città		Città	
Amsterdam	+14 +20	Francoforte	+17 +25	Mosca	+13 +23
Atene	+24 +34	Gerusalemme	+16 +28	New Delhi	+26 +35
Bangkok	+26 +35	Ginevra	+17 +29	New York	+22 +36
Barcellona	+19 +29	Helsinki	+12 +21	Oslo	+14 +18
Beirut	+24 +31	Hong Kong	+28 +32	Parigi	+15 +23
Belgrado	+18 +27	Il Cairo	+25 +36	Rio de Janeiro	+19 +28
Berlino	+14 +22	Istanbul	+20 +28	S. Francisco	+13 +19
Bruxelles	+10 +20	Lisbona	+25 +39	Stoccolma	+14 +19
Buenos Aires	+ 9 +14	Londra	+14 +19	Sydney	+ 7 +18
Chicago	+20 +32	Los Angeles	+17 +25	Tokio	+24 +28
Copenaghen	+13 +21	Madrid	+21 +37	Varsavia	+13 +25
Dublino	+13 +18	Montreal	+15 +28	Vienna	+16 +26

B. Che tempo fa? Da' un'occhiata alle previsioni del week-end, poi rispondi alle domande.

1. Come sarà il tempo questo fine settimana a Milano e Torino?

_____

2. E a Napoli e Roma?

_____

3. In generale, le temperature calano (*are falling*) o aumentano questo fine settimana?

_____

4. Guarda la tabella delle temperature in Italia. Quali sono le quattro città che hanno registrato le temperature più elevate? Sai in quali regioni si trovano queste città?

_____

_____

5. Quali sono le due città all'estero che hanno registrato le temperature più basse? Si trovano nell'emisfero boreale (*northern*) o in quello australe (*southern*)?

_____

_____

C. Associazioni. Con quali attività, feste, luoghi, personaggi, condizioni temporali associ le stagioni dell'anno? Scrivi da 6 a 8 espressioni per ogni stagione.

ESEMPIO: la primavera →

la pioggia, i fiori, innamorarsi, Parigi, le calosce (*galoshes*), la Pasqua, gli asparagi, pulire la casa, la marmotta (*groundhog*)…

1. l'estate _____

2. l'autunno _____

3. l'inverno _____

5. Numeri cardinali e ordinali

In pratica

A. Cifre. Bisogna essere precisi. Scrivi per intero i seguenti *numeri* e *frazioni*.

ESEMPIO: 28 → ventotto   3/4 → tre quarti

1. 100   _____

2. 1/5   _____

3. 1/2   _____

4. 19   _____

5. 2/3   _____

6. 1003   _____

7. 21.648   _____

8. 1/4   _____

9. 7/8   _____

10. 1.843.652.761 _____

_____

B. Quanto tempo... ? Ecco un elenco di varie attività. Ciascuna richiede un certo periodo di tempo per essere imparata bene (*to master*). Osserva attentamente i disegni che rappresentano queste attività. Poi, scrivi quanti minuti ci vogliono per impararle. (Cerca di indovinare i nomi di quelle che non conosci.)

In quanto tempo impari a...

1. nuotare

_____

2. cucinare il pollo arrosto

_____

3. annodare (*to knot*) un farfallino

_____

4. mangiare con le bacchette

_____

5. allacciare le scarpe

_____

6. andare sullo skateboard

_____

7. suonare il sassofono

_____

8. guidare

_____

9. fare il windsurfing

_____

10. mettere un chiodo per appendere un quadro alla parete

_____

11. pilotare un elicottero

_____

12. fare ginnastica con il cavallo con maniglie

_____

C. Festeggiamo! Tante belle occasioni. Completa le frasi con le forme adatte dei *numeri ordinali*.

ESEMPIO: I miei nonni si sono sposati cinquant'anni fa; celebrano il <u>cinquantesimo</u> anniversario del loro matrimonio.

1. Quei nostri amici sono diventati cittadini americani dieci anni fa; festeggiano il

_____ anniversario della loro cittadinanza.

2. Renata compie 43 anni domani; è il suo _____ compleanno.

3. Sono 25 anni che mio padre si è laureato; celebra il _____ anniversario

della sua laurea.

4. Mio marito ed io ci siamo sposati nove anni fa; per celebrare il nostro

_____ anniversario passeremo due settimane in Toscana.

5. Giuseppe Verdi è morto nel 1901; nel 2001 si sono organizzati dei grandi convegni per il

_____ anniversario della sua morte.

6. La settimana scorsa la figlia dei Sedara ha compiuto 6 anni; hanno dato una bella festa per il

suo _____ compleanno.

Precisiamo!

> **TO RENT; RENT (n.)**
>
> - **affittare** *to rent, to rent out* (*residences, primarily*)
>
> | | |
> |---|---|
> | Affitto una camera presso la signora Conti. | *I rent a room at Mrs. Conti's house.* |
> | Non riescono ad affittare la casa al mare. | *They can't manage to rent (out) their beach house.* |
>
> - **prendere in affitto** *to rent* (*residences, primarily*); **dare in affitto** *to rent out* (*residences, primarily*)
>
> | | |
> |---|---|
> | Ho preso in affitto quel monolocale in via Guicciardini. | *I rented that studio on via Guicciardini.* |
> | Hanno deciso di dare in affitto la casa di campagna. | *They decided to rent out their country house.* |
>
> - **noleggiare** *to rent, to rent out* (*vehicles or objects*)
>
> | | |
> |---|---|
> | Abbiamo noleggiato un video. | *We rented a video.* |
> | Noleggiano macchine fotografiche e proiettori in quel negozio. | *They rent (out) cameras and projectors in that store.* |
>
> - **prendere a nolo** *to rent* (*a vehicle or object*); **dare a nolo** *to rent out* (*a vehicle or object*)
>
> | | |
> |---|---|
> | Ho preso a nolo un frac per il loro matrimonio. | *I rented a tuxedo for their wedding.* |
> | Danno a nolo barchette e bici a Central Park. | *They rent (out) boats and bicycles in Central Park.* |
>
> - **l'affitto** *rent* (*on a residence*); **il noleggio** *rental fee* (*on vehicles, etc.*); *rental shop*
>
> | | |
> |---|---|
> | Quanto paghi d'affitto? | *How much rent do you pay?* |
> | Quanto avete pagato il noleggio di quel film? | *How much did you pay for the rental fee on that film?* |
> | C'è un noleggio di biciclette vicino allo stadio. | *There's a bike rental place near the stadium.* |

A. Quale espressione? Leggi attentamente le frasi, poi completale con le forme adatte delle espressioni elencate sopra. (In alcuni casi, sono possibili varie risposte giuste.)

1. Quanto chiedono di _____ per quell'appartamento?

2. Vado a Roma a fare ricerche; vorrei _____ una stanza con uso di cucina.

3. Abitano in una villetta, ma hanno anche un appartamento che (loro) _____.

4. Quella macchina è tua o l'_____?

5. C'è un negozio vicino a casa mia dove _____ abiti da sera.

6. Devo vedere *L'ultimo bacio;* ce l'hanno al video_____?

B. Ora tocca a te! Adopera ognuna delle espressioni elencate a pagina 10 in una tua frase originale. Usa un altro foglio.

Autovalutazione

A. *Essere, avere* e *chiamarsi*. Completa il seguente brano con le forme corrette del presente di indicativo dei verbi *essere, avere* o *chiamarsi*.

Mia mamma _____[1] Oneglia. Tutti dicono che _____[2] un nome

molto strano. Lei _____[3] ottantaquattro anni e _____[4] due figli: io e

mio fratello che _____[5] Alessandro. Lui _____[6] in pensione (*retired*)

mentre io _____[7] professore. Noi due _____[8] molto diversi e

_____[9] interessi molto diversi. «Voi _____[10] miei figli e vi amo

tutte e due» dice sempre mia madre.

B. Mesi e giorni. Completa le frasi con le forme corrette che indicano mesi e giorni.

Mio fratello è nato nel mese in cui arriva l'autunno, cioè in _____,[1]

mentre io sono nato il mese prima, cioè in _____[2] Mia madre è nata nel

mese in cui c'è il giorno più lungo dell'anno, cioè in _____.[3]

Secondo il calendario italiano il primo giorno della settimana è

_____,[4] mentre secondo quello americano è

_____,[5] comunque a me piace _____[6]

perché è l'ultimo giorno di lavoro della settimana.

C. Numeri cardinali e ordinali. Completa le seguenti frasi con le forme adatte dei numeri cardinali e ordinali, secondo il caso.

1. Febbraio è il mese più corto, ha _____ giorni.

2. Io ricevo lo stipendio il _____ giorno del mese, non l'ultimo.

3. Un decennio vuol dire _____ anni.

4. Sono sposato da vent'anni. L'anno prossimo festeggio il _____

   anniversario.

5. Franco è maggiorenne e può votare, ha _____ anni.

APRITE LE ORECCHIE!

Lessico ed espressioni comunicative−

Vocabolario attivo

Da scegliere. Ascolta le definizioni che verranno lette e poi scegli quella che tra le parole date si adatta meglio. Non tutte le parole vengono usate. Sentirai le risposte giuste alla fine dell'esercizio.

1. _____
2. _____
3. _____
4. _____
5. _____

a.	mammifero	f.	abulico
b.	mammone	g.	goloso
c.	sconfitta	h.	abituato
d.	agiato	i.	agile
e.	geloso		

Strutture

1. Pronomi personali soggetto

A. In giro per la città. Sentirai una breve frase o domanda. Indica il soggetto che si usa. Sentirai le risposte giuste alla fine dell'esercizio.

> ESEMPIO: —Signora, desidera sedersi qui?
>
> io tu lui lei (Lei) noi voi loro Loro

1. io	tu	lui	lei	Lei	noi	voi	loro	Loro
2. io	tu	lui	lei	Lei	noi	voi	loro	Loro
3. io	tu	lui	lei	Lei	noi	voi	loro	Loro
4. io	tu	lui	lei	Lei	noi	voi	loro	Loro
5. io	tu	lui	lei	Lei	noi	voi	loro	Loro
6. io	tu	lui	lei	Lei	noi	voi	loro	Loro

B. Sistemazioni. Ascolta attentamente le frasi, poi parafrasale usando i *pronomi personali soggetto* e le espressioni indicate. Dopo una breve pausa sentirai la risposta giusta.

> ESEMPIO: (Paolo, abitare in centro / Laura, abitare in periferia)
>
> Paolo abita in centro, ma Laura abita in periferia. →
>
> Lui abita in centro, ma lei abita in periferia.

1. Luca ed io, avere un appartamento / tu e Piera, avere una villetta
2. Carla e Andrea, prendere la metropolitana / Silvia, andare a piedi
3. Roberto, cercare casa / tu e Gianni, essere già sistemati
4. Mirella, mangiare alla mensa / Silvia ed io, mangiare a casa
5. I miei amici, avere anche lo studio / tu e Bruno, avere solo una camera

2. Presente indicativo dei verbi *essere, avere* e *chiamarsi*

A. Guarda caso! Queste persone hanno molte cose in comune. Rispondi alle domande secondo l'esempio. Dopo una breve pausa sentirai la risposta giusta.

> ESEMPIO: Laura è di Bologna. E Mauro? → Anche lui è di Bologna.

1. ... 2. ... 3. ... 4. ... 5. ...

B. No, ma... Lele è una persona piuttosto confusa. Correggi quello che dice usando l'informazione indicata qui sotto. Dopo una breve pausa sentirai la risposta giusta.

> ESEMPIO: —Avete una splendida Ferrari! (una vecchia bici) →
>
> —Non abbiamo una splendida Ferrari; abbiamo una vecchia bici.

1. un monolocale (*studio apartment*) in centro
2. un vecchio computer e basta
3. solo dieci giorni di vacanze
4. un solo figlio, un maschietto
5. un sacco di topi

3. Ora, giorni, mesi, anni e secoli

A. Una pagina d'agenda. Ferma l'audio e da' un'occhiata a questa pagina dall'agenda di Valentina. Poi ascolta attentamente e rispondi alle domande. Dopo una breve pausa sentirai la risposta giusta.

ESEMPIO: Oggi deve andare dal dentista. Che data è? → È il 21 settembre.

APPUNTAMENTI SETTEMBRE

1 Giovedì ginecologa, 2,45	16 Venerdì * compleanno di Donata
2 Venerdì	17 Sabato
3 Sabato	**18 Domenica**
4 Domenica	19 Lunedì
5 Lunedì	20 Martedì lezione di T'ai Chi, 12,00
6 Martedì * compleanno di Roberto lezione di T'ai Chi, 12,00	21 Mercoledì dentista, 10,00
7 Mercoledì	22 Giovedì
8 Giovedì	23 Venerdì Cena dai Barsanti, 19,30
9 Venerdì Teatro Comunale, 20,30 (Falstaff)	24 Sabato
10 Sabato	**25 Domenica**
11 Domenica	26 Lunedì
12 Lunedì	27 Martedì lezione di T'ai Chi, 12,00
13 Martedì lezione di T'ai Chi, 12,00	28 Mercoledì
14 Mercoledì	29 Giovedì Teatro della Pergola, 20,30 (Gozzi)
15 Giovedì	30 Venerdì
	* anniversario di nozze di Daniela e Marco (21,10,06) * non dimenticare!!

1. … 2. … 3. … 4. … 5. … 6. …

B. Quando sono nati? Sentirai due volte gli anni di nascita di alcuni italiani famosi. Di' in quale secolo sono nati secondo l'esempio. Dopo una breve pausa sentirai la risposta giusta.

> ESEMPIO: Il poeta Dante Alighieri è nato nel 1265. →
> È nato nel Duecento, cioè nel tredicesimo secolo.

1. 1922   2. 1490   3. 1597   4. 1813   5. 1386

4. Tempo e stagioni

Che stagione è? Sentirai due volte una serie di domande o affermazioni. Ascolta attentamente, poi di' che stagione è. Dopo una breve pausa sentirai la risposta giusta.

> ESEMPIO: È nevicato tanto. Vuoi andare a sciare? → È inverno.

Vocabolario utile: spuntare *to sprout*

1. …   2. …   3. …   4. …   5. …

5. Numeri cardinali e ordinali

A. Quale cifra? Sentirai una serie di numeri. Ogni numero sarà letto due volte. Tra le possibilità elencate, scegli il numero giusto. Le risposte si trovano alla fine del *Manuale di esercizi*.

> ESEMPIO: 1.356 → 1.000.356   (1.356)   13.056

1. 78	68	17
2. 200.066	276	266
3. 1.100.000	1.100	1.000.100.000
4. 499	499.000	419
5. 34	340	3/4
6. 1.000.500	10.500	15.000

B. Al conservatorio. Gianluca è studente al conservatorio Luigi Cherubini di Firenze; vuole diventare direttore d'orchestra. Leggi la lista delle partiture (*music scores*) che studia quest'anno. Ripeti le risposte giuste.

> ESEMPIO: Beethoven: Sinfonia n. 5 → la Quinta di Beethoven

1. Brahms: Sinfonia n. 4
2. Mahler: Sinfonia n. 9
3. Martucci: Sinfonia n. 2
4. Ciakovski: Sinfonia n. 6
5. Corigliano: Sinfonia n. 1

Ascoltiamo!

La biografia di Chiara. Ascolta attentamente la breve biografia di Chiara e poi indica se le frasi che seguono sono vere o false. Sentirai le risposte giuste alla fine dell'esercizio.

Vero o falso?

1. Chiara non vuole dire tutto di sé.	V	F
2. Chiara non studia più perché costa troppo andare all'università.	V	F
3. Chiara cucina bene.	V	F
4. Chiara è sposata.	V	F
5. Il ristorante dove lavora Chiara è un ristorante di lusso.	V	F

Capitolo 1 | Il nucleo famigliare e gli amici

PRENDETE PENNA E CALAMAIO!
Lessico ed espressioni comunicative
Vocabolario attivo

A. Da completare. Inserisci negli spazi vuoti i verbi che completano la frase in modo logico.

accontentarsi, fare il bucato, fare il severo, lamentarsi, prendere in giro, stirare

1. Ogni volta che Alex ritorna a casa con il borsone pieno di roba sporca, la mamma

   _____ e dopo deve anche _____ tutte le

   sue camicie di cotone.

2. Il padre di Alex si arrabbia facilmente e _____ con lui. È spesso di

   cattivo umore e _____ quando Alex vuole prendere in prestito la sua

   macchina.

3. La madre invece è sempre felice e _____ di vedere il figlio a casa

   anche se solo per qualche ora. Lei sa che Alex non prende sul serio suo padre, anzi lo

   _____.

B. Quattro chiacchiere. Completa i dialoghi dopo aver consultato il **Lessico ed espressioni comunicative.**

1. —Papà, prestami i soldi per pagare _____. Se non pago la padrona

   mi butterà fuori e poi dovrò vivere di nuovo con te e la mamma.

   —Alex, non è _____ mia se spendi troppo.

2. —Alex, cosa c'è in questo _____ che hai lasciato nel corridoio?

   —Solo un po' di roba _____ e _____,

   camicie, pantaloni e _____.

3. —Papà, l'ultimo incidente che ho avuto con la mia macchina era a causa delle

   _____ che erano _____.

   —Io non ho mai avuto un incidente!

   —Chiaro, perché guidi come _____.

(continued)

4. —Non mi piace il ragazzo di Valentina, è tutto casa e scuola, un vero

    _____.

   —Non è vero, lo conoscerai meglio sabato quando andremo tutti in quella nuova trattoria sul

    _____.

Strutture

1. Sostantivi

In pratica

A. Le metamorfosi. Volgi i seguenti sostantivi dal *maschile* al *femminile* o vice-versa.

    ESEMPI: il ragazzo → la ragazza
                  le eroine → gli eroi

1. le femmine _____
2. il fratello _____
3. la giornalista _____
4. la poetessa _____
5. le spettatrici _____
6. le colleghe _____
7. il marito _____
8. le donne _____

B. Uno e più. Volgi dal *singolare* al *plurale* o vice-versa.

    ESEMPI: il parco → i parchi
                  le lezioni → la lezione

1. le abitudini _____
2. l'elenco _____
3. la mania _____
4. i brindisi _____
5. il sistema _____
6. l'auto _____
7. il capoluogo _____
8. l'antropologo _____
9. il maglione _____
10. il figlio _____
11. il medico _____
12. le dita _____

13. lo sport _____

14. la gru _____

C. **Dialoghi-lampo.** Completa gli scambi scegliendo tra le espressioni elencate qui sotto. Metti al plurale e usa l'articolo, se necessario.

Espressioni: bugia   collega   moglie
              camicia   dio   paio
              carico   miglio   tempio

1. —Cos'avete fatto alla lezione di archeologia?

   —Abbiamo discusso _____ e _____ della Grecia antica.

2. —Sei andato in centro? Cos'hai comprato?

   —Due _____ di jeans e delle _____ da portare all'università.

3. —Andiamo a piedi alla stazione?

   —No, è lontano, quattro _____ da qui. Meglio andare in tram.

4. —Sono venuti da soli i tuoi _____?

   —No, li hanno accompagnati _____. Sono delle signore molto simpatiche.

5. —È già in ordine la casa di campagna?

   —Quasi. Devo ancora ordinare due _____ di legna (*wood*) per l'inverno.

6. —Hai litigato con Mauro?

   —Sì, perché dice tante _____. Non ci si può fidare di lui (*You can't trust him*).

2. Articolo determinativo

In pratica

A. **Il periodo di iscrizioni.** Lele guarda una lista dei corsi offerti all'università quest'anno. Completa l'elenco con le forme adatte dell'*articolo determinativo*.

   ESEMPIO: gli affreschi di Simone Martini

1. _____ autori latini dell'età di Nerone

2. _____ Islam e _____ stato moderno

3. _____ Zulù (*pl.*), storia e civiltà

4. _____ romanzi e _____ scritti critici di Virginia Woolf

5. Galileo, _____ scienziato e _____ Inquisizione

6. _____ ultimi scritti di Freud

7. _____ frontiere dell'*artificial intelligence*

8. _____ storicismo (*historicism*) di Hegel, Comte e Marx

B. Quale professione? Indica due volte la professione svolta (*carried out*) da queste persone, scegliendo tra le possibilità elencate. Usa le forme **fa** (*sing.*) e **fanno** (*pl.*) nella prima parte delle tue risposte.

ESEMPIO: Maya Angelou (guida alpina / poetessa) → Maya Angelou **fa la poetessa; è poetessa.**

1. Connie Chung (giornalista / cuoca)

   _____

2. Umberto Eco (fisico nucleare / scrittore)

   _____

3. Nanni Moretti e Lina Wertmüller (tennisti / registi)

   _____

4. David Letterman (ballerino / presentatore [*TV host*])

   _____

5. Isabella Rossellini (monaca [*nun*] / attrice)

   _____

C. Tempo di vacanze. È ora di discutere le vacanze in casa Mondello. Completa il brano con la forma adatta dell'*articolo determinativo*, se necessario. Se non è necessario, lascia lo spazio vuoto.

_____¹ estate e con essa _____² tempo delle vacanze. Oggi è _____³

domenica e _____⁴ membri della famiglia Mondello (_____⁵ due genitori e

_____⁶ due figlie) sono seduti intorno alla tavola in cucina per discutere _____⁷

varie possibilità.

_____⁸ signor Mondello propone _____⁹ vacanze all'estero. Desidera visitare

_____¹⁰ Stati Uniti, soprattutto _____¹¹ Boston e _____¹² San Francisco.

_____¹³ signora, invece, non parla _____¹⁴ inglese e vuole restare in Italia perché

desidera visitare alcune regioni meridionali che non conosce come _____¹⁵ Campania,

_____¹⁶ Abruzzi e _____¹⁷ Puglia. _____¹⁸ figlie, Marta e Roberta,

preferiscono _____¹⁹ montagna e propongono di visitare _____²⁰ Dolomiti.

Chissà dove e se _____²¹ Mondello andranno in vacanza!

3. Preposizioni semplici e articolate

In pratica

A. Dialoghi-lampo. Completa gli scambi con la forma adatta delle *preposizioni* (semplici o articolate, secondo il caso).

1. —Come vai _____ lavoro, _____ macchina o _____ autobus?

   —Vado _____ piedi. Così spendo meno e non ingrasso.

2. —Quando partono _____ Tokio i tuoi amici?

   —_____ un paio di settimane, e hanno molto da fare!

3. —_____ che ora ci vediamo, _____ una?

   —No, meglio _____ mezzogiorno, così finiamo presto.

4. —È vero che Massimo non si è iscritto _____ università?

   —Sì, ma lo vedo ogni tanto, _____ centro o _____ teatro.

5. —Dove passate le vacanze quest'anno, _____ mare o _____ montagna?

   —_____ casa, purtroppo, a rifare la cantina (*basement*)!

6. —_____ quanto tempo abitate _____ Genova?

   —_____ estate scorsa, e ci troviamo molto bene qui!

7. —Hai l'aria molto stanca oggi. Hai passato tutto il giorno _____ biblioteca?

   —No, qualcuno mi ha telefonato _____ tre _____ notte, e non ho potuto

   riaddormentarmi.

8. —Vai di nuovo _____ Francia?

   —Quest'anno no. Faccio un giro _____ Paesi Bassi _____ primavera, poi

   _____ novembre vado _____ Marocco.

B. **Vacanze di sogno!** Immagina di avere a disposizione tre mesi di vacanze. Dove vuoi andare? Con chi? Per quale periodo di tempo? Descrivi una tua giornata tipica e le tue vacanze-sogno (da 10 a 12 frasi).

   ESEMPIO: Vado in Liguria per tre mesi. Voglio affittare una casa vicino al mare e ci voglio stare da sola, in santa pace. (Pochi buoni amici possono venire a trovarmi per un week-end ogni tanto.) Ecco una mia giornata tipica: mi alzo alle sei, faccio una passeggiata sulla spiaggia o vado in bici per un'oretta, mangio e poi leggo o dipingo dalle nove a mezzogiorno…

4. Presente indicativo dei verbi regolari

In pratica

A. **Un anno all'estero.** Gillian è studentessa d'italiano; vuole andare a vivere in Italia per un anno. Leggi tutto il brano, poi completalo scegliendo tra (*choosing among*) i verbi elencati.

Verbi:	amare	intendere	partire
	ascoltare	leggere	scrivere
	conoscere	non vedere l'ora	studiare
	finire	ospitare (*to host, to put up*)	trovare
	guardare	parlare	

Gillian _____[1] l'Italia e _____[2] andare ad abitare a Torino l'anno

prossimo. _____[3] italiano da un anno e mezzo e lo _____[4]

abbastanza bene. _____[5] una famiglia torinese che la _____.[6] Per

prepararsi _____[7] tutto quello che (*that which*) _____[8] in italiano

(giornali, riviste, anche ricette!), _____[9] molte lettere a questa famiglia,

_____[10] i CD di musica italiana e quando può, _____[11] qualche film

italiano. _____[12] verso la fine di maggio, appena _____[13] gli studi

all'università. _____[14] di andare in Italia!

B. Da quanto tempo? Rispondi a queste domande dando tutte due le possibilità con le costruzioni diverse. Segui l'esempio.

> ESEMPIO: Da quanto tempo vivi in questa città? →
> Vivo in questa città **da** tre anni.
> **Sono** tre anni **che** vivo in questa città.

1. Da quanto tempo frequenti l'università?

_____

_____

2. Da quanto tempo conosci l'insegnante d'italiano?

_____

_____

3. Da quanto tempo studi italiano?

_____

_____

4. Da quanto tempo vivi per conto tuo (*on your own*)? (O da quanto tempo pensi di andare a vivere per conto tuo?)

_____

_____

5. Da quanto tempo non vedi il tuo migliore amico (la tua migliore amica)?

_____

_____

5. Presente indicativo dei verbi irregolari

In pratica

A. Verbi complicati. Completa la tabella con le forme verbali adatte.

ESEMPIO:

sono	*sei*	*è*	*siamo*	*siete*	*sono*
1. vado					
2.					traggono
3.		sale			
4.	rimani				
5.				sapete	
6.	tieni				
7.			usciamo		

B. La giornata di Alex. Alex è uno studente universitario; ha sempre molto da fare. Completa le frasi con le forme adatte dei verbi elencati. Alcuni verbi vengono (*are*) usati più di una volta; altri non vengono usati affatto.

Verbi:

andare	dire	salire	tradurre
bere	distrarre	scegliere	uscire
dare	fare	stare	venire

ESEMPIO: Alex **esce** spesso la sera; gli piace andare in birreria con gli amici.

1. _____ a letto fino a tardi perché

_____ quasi sempre le ore piccole.

2. _____ un espresso e si sente un po' meglio; si

_____ da mangiare e _____ da

mangiare anche al gatto.

3. _____ la doccia e _____ i vestiti da

portare all'università.

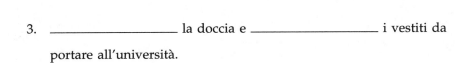

4. _____ di casa e _____ quasi subito

   in autobus.

5. Dopo le lezioni _____ in biblioteca e

   _____ il compito di latino; a volte si

   _____ leggendo i giornali sportivi.

6. _____ in piedi fino a tardi (come al solito) e

   _____ a letto dopo l'una.

C. **Domande personali.** Rispondi alle domande secondo le tue opinioni ed esperienze personali.

   1. Esci molto la sera? Dove vai, in genere? Con chi?

      _____

      _____

   2. Quando un amico / un'amica che abita lontano viene a trovarti, cosa proponi di fare?

      _____

      _____

3. Cosa fai di solito il sabato mattina se fa bel tempo? E se fa brutto?

   _____

   _____

4. Rimani spesso alzato/a fino a tardi la notte? Per quale motivo?

   _____

   _____

5. Quando dai un esame importante, riesci a stare tranquillo/a? Come?

   _____

   _____

6. Cosa ti distrae dagli studi? I rumori? L'amore? Gli amici? Altro?

   _____

   _____

6. Usi idiomatici di *avere, fare, dare* e *stare*

In pratica

A. Mini-dialoghi. Completa i brevi dialoghi con le forme adatte delle espressioni elencate.

Espressioni:			
avere… anni	dare del Lei	far compere	stare fermo
avere bisogno	dare del tu	fare brutto tempo	stare zitto
avere intenzione	dare l'esame	fare colazione	
avere paura		fare un regalo	
avere ragione		fare la spesa	
avere voglia			

1. —Per chi _____ di votare?

   —Non posso votare—bisogna _____ almeno 18

   _____ per poter votare.

2. —Ciao, Silvia! Vado in centro a _____. Mi vuoi accompagnare?

   —Volentieri. _____ anch'io di un paio di cose.

3. —Scusa, ma non devi _____ alla dottoressa Ruggieri?

   —No, da quando siamo diventate colleghe di lavoro ci _____.

   Non c'è più bisogno di essere così formali.

(*continued*)

4. —Ho una gran fame. Volete _____?

    —Mah, prima bisogna andare al mercato. Abbiamo dimenticato di

    _____ e non c'è niente da mangiare.

5. —Ragazzi, potete _____ per due minuti? Mi fate impazzire! Sto

    cercando di (*I'm trying to*) studiare.

    —Povero Gabriele _____ alla fine del mese ed è molto stressato.

6. —Senti, vorrei _____ ai signori Massei. Sono stati così gentili ad

    ospitarci (*put us up*).

    —(Tu) _____. Cosa gli mandiamo?

7. — _____ proprio _____ oggi. Non dovresti

    (*You shouldn't*) uscire.

    —Boh, anche se piove, _____ di fare una passeggiata. Perché non

    vieni anche tu? L'aria ti farà bene.

8. —Quel cane mi sembra molto agitato; non _____ mai

    _____.

    —Poverino, _____ dei tuoni (*thunder*).

B. **Cosa fanno? Come stanno?** Ecco un quartiere di persone attive. Guarda attentamente il disegno e completa le frasi.

   ESEMPIO: Emilia ha fatto ginnastica per un'ora; adesso ha molta sete.

1. Franco e Beppe gonfiano i palloncini perché _____ stasera.

2. Roberto ha corso tre miglia; ora _____.

3. Manuela e Marco _____ mangiare; _____

   molta _____.

4. Lamberto e Donata guardano un film di Hitchcock: evidentemente gli

   _____!

5. Laura ha lavorato al computer tutto il giorno e ora _____.

6. Anna ha passato l'intera giornata in biblioteca; adesso _____

   e si rilassa un po'.

7. Arturo e Patrizia _____ perché sono rimasti senza (*they're out of*) caffè!

8. Mara torna dal mercato; va ogni giorno a _____.

C. A caso, a casaccio. Per te, un questionario casuale (*random*): Rispondi due volte ad ogni domanda, e aggiungi delle spiegazioni. Sii originale!

> ESEMPIO: Chi o che cosa ti fa schifo? →
> Mi fanno schifo i film di Stallone perché sono molto violenti.
> Mi fa schifo la trippa (*tripe*) perché… è schifosa!

1. Chi o che cosa ti fa schifo?

   _____

   _____

2. Chi o che cosa ti fa paura?

   _____

   _____

3. Quando fai molta attenzione?

   _____

   _____

4. Di che cosa hai bisogno in questo momento?

   _____

   _____

7. *Piacere* e verbi impersonali

In pratica

A. Una visita a Milano. Questo gruppo di amici ha visitato Milano un paio di mesi fa. Di' se gli sono piaciute o no le seguenti cose. Usa l'informazione tra parentesi e segui l'esempio.

> ESEMPIO: Roberto, sì (la Galleria) → A Roberto è piaciuta la Galleria.

1. Elena, no (i piccioni in piazza del Duomo)

   _____

2. Anna e Lisa, sì (le ultime creazioni di Fendi)

   _____

3. Franco e Gianni, sì (il risotto alla milanese)

   _____

4. Domenico, no (l'opera)

   _____

5. Michele e Laura, sì (la pinacoteca di Brera)

   _____

B. **Parafrasi.** Riscrivi le frasi usando **bastare, mancare, restare** o **servire** e i *pronomi indiretti* (mi, ti, gli, Le, ci, vi, gli/loro, gli/Loro).

   ESEMPIO: Paolo ha bisogno di nuovi accessori per il computer. → Gli servono nuovi accessori
   per il computer.

1. A te sono sufficienti diecimila euro?

   _____

2. Sento la mancanza degli amici.

   _____

3. Laura ha ancora molto da fare sulla tesi.

   _____

4. A noi sono stati utili gli appunti che ci hai dato.

   _____

C. **Gusti mutevoli.** Elenca quattro cose (persone, cibi, attività, eccetera.) che ti piacciono adesso e che non ti piacevano quando eri piccolo/a, o viceversa. Aggiungi dei particolari.

   ESEMPIO: Quando ero piccolo/a, non mi piacevano i funghi; ora mi piacciono molto,
   soprattutto nel risotto e nell'insalata. (Quando ero piccolo/a, mi piacevano molto
   le canzoni di Britney Spears; ora non posso sopportare la musica pop.)

1. _____

   _____

2. _____

   _____

3. _____

   _____

4. _____

   _____

Precisiamo!

TO MISS
• **mancare** *to be missing (used primarily with indirect objects)*
Gli mancano i soldi per l'affitto. — *He doesn't have money for the rent.* Mi mancano molto i miei amici. — *I really miss my friends.*
• **sentire la mancanza di** *to miss*
Il fidanzato sente la mancanza della sua fidanzata quando sono lontani. — *The boyfriend misses his girlfriend when they are apart.* Lontana da casa, Maria sente la mancanza della sua mamma. — *Far from home, Maria misses her mom.*
• **perdere** *to miss, to fail to reach*
A causa del traffico ho perso l'aereo. — *Because of the traffic, I missed the plane.* Non perdere quest'occasione! — *Don't miss this opportunity!*

TO SERVE
• **servire** *to serve; to be useful, necessary (often used with indirect objects)*
Un momento, devo servire un cliente. — *One moment, I have to serve a customer.* Ti servono le forbici? — *Do you need the scissors?* A che serve? Non serve a nulla gridare. — *What's the use? It's no use yelling.*
• **prestare servizio** *to serve (in the military)*
Hanno prestato servizio (hanno servito) in marina. — *They served in the navy.*
• **meritarsela*** *to serve someone right*
Paola l'ha lasciato? Bene, se l'è meritata. — *Paola left him? Good, it serves him right.*

A. Quale espressione? Completa i brevi scambi con le forme adatte di **mancare, meritarsela,* perdere, prestare servizio, sentire la mancanza** e **servire.**

1. —E Giacomo, come sta?

   —Non lo so. Non lo vedo da quasi un mese e mi _____ tanto!

2. Ragazzi, vi _____ la macchina oggi pomeriggio?

3. La signora Paoli si è ripresa (*recovered*) a poco a poco dopo aver

   _____ il marito.

4. Gilda si è comportata molto male; _____ se la licenziano.

5. Dopo l'università mio fratello _____ nell'esercito per un paio d'anni.

---

*You will learn about verbs ending in **-sela** in **Capitolo 5.**

(*continued*)

6. —Vanni, ti vedo un po' giù. Che c'è?

—Niente, veramente, solo che (io) _____ di mia moglie.

B. Ora tocca a te! Adopera ognuna delle espressioni elencate qui sopra in una tua frase originale. Usa un altro foglio.

Autovalutazione

A. Presente dei verbi. Completa le frasi con i seguenti verbi: **adorare, capire, dare, dire, prendere.**

1. Io _____ sempre la verità, sei tu che menti sempre.

2. Non so a chi _____ questi libri perché non c'è nessuno in biblioteca.

3. I funghi? Ehmmm, io li _____, ne mangio sempre tantissimi in autunno.

4. Voi _____ spesso l'autobus per venire all'università.

5. Noi _____ poco le abitudini italiane, non abbiamo mai abitato in Italia.

B. Usi idiomatici di *avere, fare, dare* **e** *stare* **e uso degli articoli.** Completa le seguenti frasi con la forma coretta del verbo **avere, fare, dare** o **stare.**

1. Oggi il tempo è bruttissimo, domani _____ bello e mercoledì sarà anche caldo.

2. (Io) _____ sete, voglio un po' d'acqua, non voglio caffè.

3. Non abbiamo niente a casa, andiamo a _____ la spesa, dobbiamo prendere anche lo zucchero.

4. Non ho studiato ma _____ l'esame lo stesso. Gli esami non mi piacciono per niente.

5. I genitori di Alex vendono la casa a Como. _____ intenzione di comprare una casa a Milano, ma gli appartamenti che hanno visto finora non gli piacciono.

C. Il verbo *piacere.* Reagisci al sostantivo che viene presentato all'inizio della frase dicendo se alla persona suggerita tra parentesi piace o no quell'oggetto.

ESEMPIO: L'esame difficile (Franco) → A Franco non piace l'esame difficile.

1. Un picnic in campagna (noi) → _____

2. I funghi nell'insalata (Marta e Giulia) → _____

3. Fare il bucato alla sera (la mamma) → _____

4. Il vestito di mio marito (Io) → _____

5. I treni in Italia (I turisti americani) → _____

APRITE LE ORECCHIE! 🎧

Lessico ed espressioni comunicative

Vocabolario attivo

A. Dialoghi-lampo. Ascolta attentamente i brevi dialoghi che seguono e di' qual è l'argomento del dialogo. Sentirai le risposte giuste alla fine dell'esercizio.

1. Di che cosa accusa **Alex** suo padre?
   a. di fare il bucato troppo spesso
   b. di essere pigro

2. Dove devono andare Alex e Lele?
   a. sul lungolago
   b. al ristorante

3. Di che cosa si lamenta Alex?
   a. della macchina che non si mette in moto
   b. del padre che non sa guidare la macchina

B. Da scegliere. Ascolta la definizione data e cerca nell'elenco la parola che corrisponde. Sentirai le risposte giuste alla fine dell'esercizio.

1. _____
2. _____
3. _____
4. _____
5. _____

   a. la colpa
   b. la gomma
   c. il borsone
   d. l'affitto
   e. il secchione

Strutture

1. Sostantivi

A. Genere e numero. Sentirai due volte una serie di espressioni. Indica il genere e il numero di ogni espressione. Sentirai le risposte giuste alla fine dell'esercizio.

ESEMPIO: mogli → (femminile) maschile singolare (plurale)

1. femminile	maschile	singolare	plurale
2. femminile	maschile	singolare	plurale
3. femminile	maschile	singolare	plurale
4. femminile	maschile	singolare	plurale
5. femminile	maschile	singolare	plurale
6. femminile	maschile	singolare	plurale

B. Giochiamo a Jeopardy! Ascolta attentamente le risposte, poi fa' le domande adatte, usando una delle parole indicate qui sotto. Attenzione! Non tutte le parole vengono usate. Dopo una breve pausa sentirai la domanda giusta.

ESEMPIO: È l'albero che dà le pere. → Che cos'è il pero?

Parole: cinema   cinematografo

dito   dita

modo   moda

papa   papà

pera   pero

teso   tesi

1. ...   2. ...   3. ...   4. ...   5. ...   6. ...

2. Articolo determinativo

Gli acquisti. Oggi fai degli acquisti. Ascolta il nome del negozio in cui ti trovi, poi chiedi di vedere un articolo, scegliendo logicamente dalle possibilità elencate. Dopo una breve pausa sentirai la risposta giusta.

ESEMPIO: in un negozio di abbigliamento

(quaderno / giacca) → Mi fa vedere la giacca, per favore.

1. perle / agenda
2. cravatta / orologio
3. stivali / romanzo di Calvino
4. poltrona / smoking (*tuxedo*)
5. grammatica / nuovo disco di Gwen Stefani
6. orecchini / tazze

3. Preposizioni semplici e articolate

A. In agenzia. Donata lavora in un'agenzia di viaggi; aiuta una collega americana a fare una traduzione. Fa' la parte di Donata e premetti le forme *articolate delle preposizioni* che senti alle espressioni elencate. Attenzione! Alcune preposizioni non hanno la forma articolata. Dopo una breve pausa sentirai la risposta giusta.

ESEMPI: a (l'aeroporto) → all'aeroporto

per (il Canadà) → per il Canadà

1. l'Italia centrale
2. il Cairo*
3. i Paesi Bassi
4. il centro storico
5. l'automobile
6. gli Stati Uniti
7. la California
8. le isole Ebridi

B. Bisogna precisare. Alfredo ha molte domande sui tuoi programmi per l'estate. Rispondigli usando l'informazione indicata e le *preposizioni* adatte (semplici o articolate, secondo il caso). Ripeti le risposte giuste.

ESEMPIO: Vai in Italia? (Italia meridionale) → Sì, nell'Italia meridionale.

1. maggio
2. bici
3. amici di Roma
4. anno scorso
5. Siracusa, Taormina

---

*Sempre con l'articolo determinativo: **Il Cairo è la città principale dell'Egitto.**

4. Presente indicativo dei verbi regolari

A. Cosa fanno? Guarda il disegno e di' quello che fanno queste persone. Usa le espressioni elencate qui sotto. Dopo una breve pausa sentirai la risposta giusta.

> ESEMPIO: Cosa fanno Luca e Andrea? → Guardano la TV.

Espressioni:

dipingere un quadro	lavorare al computer	prendere un caffè
dormire	leggere il giornale	pulire il frigo
guardare la TV	mangiare l'insalata	suonare il violino

1. ...   2. ...   3. ...   4. ...   5. ...   6. ...   7. ...   8. ...

B. Origliate (*Eavesdrop*)! Sentirai dei brevi scambi, seguiti da una domanda. Dopo ogni domanda, scegli la risposta giusta. Sentirai le risposte giuste alla fine dell'esercizio.

> ESEMPIO: FRANCA: Giulia, mi presti 50 euro?
>
> GIULIA: Certo, Franca, ma perché?
>
> FRANCA: Devo fare la tessera dell'autobus, ma non sono ancora arrivati i soldi dalla mia mamma.
>
> Che cosa fa Franca?
>
> a. Sceglie un regalo per la mamma.
>
> ⓑ Compra il biglietto per l'autobus.
>
> c. Viaggia all'estero.

1. a b c   2. a b c   3. a b c

5. Presente indicativo dei verbi irregolari

A. Trasformazioni. Sentirai una forma verbale. Volgila dal *singolare* al *plurale* o viceversa. Dopo una breve pausa sentirai la risposta giusta.

> ESEMPI: bevo → bevono
>
> stiamo → sto

1. …   2. …   3. …   4. …   5. …   6. …   7. …   8. …   9. …   10. …

B. Che si fa di bello? È sabato sera. Di' quello che si fa usando i soggetti che senti e le espressioni indicate. Dopo una breve pausa sentirai la risposta giusta.

> ESEMPIO: i Silva (rimanere a casa in santa pace) → Rimangono a casa in santa pace.

1. uscire con gli amici
2. venire a trovarmi
3. stare a casa a guardare un video
4. fare un soufflé per l'amica
5. dare una festa
6. andare in birreria

6. Usi idiomatici di *avere, fare, dare* e *stare*

A. Che succede qui? Guarda i disegni, poi rispondi alle domande che senti. Dopo una breve pausa sentirai la risposta giusta.

ESEMPIO:

Che tempo fa? → Fa bel tempo.

1.

2.

3.

4.

5.

B. Pensierini vari. Ascolta attentamente le frasi, poi parafrasale usando una delle espressioni elencate qui sotto. Ripeti le risposte giuste.

> ESEMPIO: Giovanni e Laura vanno al mercato; comprano pane, frutta e salumi. →
> Fanno la spesa.

Espressioni: avere fretta   fare una passeggiata   fare la spesa
                     fare compere   fare schifo   stare fermo

1. ...   2. ...   3. ...   4. ...   5. ...

7. *Piacere* e verbi impersonali

Un viaggio in Italia. Ester è andata in Italia per la prima volta il mese scorso. Parafrasa quello che dice usando le espressioni elencate. Dopo una breve pausa sentirai la risposta giusta.

> ESEMPIO: Ho usato le guide del Touring Club Italiano. →
> Mi sono servite le guide del Touring Club Italiano.

Verbi: bastare   non piacere   restare
           dispiacere   piacere   servire
           mancare

1. ...   2. ...   3. ...   4. ...   5. ...   6. ...

Ascoltiamo!

Autobiografia. Ascolta il breve brano sulla famiglia italiana e poi indica se le affermazioni seguenti sono vere o false. Sentirai le risposte giuste alla fine dell'esercizio.

Vero o falso?

1.	Il papà lavorava all'estero.	V	F
2.	Il fratello del protagonista ha 56 anni.	V	F
3.	Il papà lava i piatti perché la mamma odia lavarli.	V	F
4.	La domenica i bambini andavano tutti insieme a trovare amici del padre.	V	F
5.	La mamma va al cinema con i figli la domenica.	V	F

Capitolo 2 | I giovani

PRENDETE PENNA E CALAMAIO!

Lessico ed espressioni comunicative

Vocabolario attivo

A. Simili. Scrivi i sinonimi delle seguenti parole ed espressioni.

1. la roba → _____

2. il cuoio → _____

3. le svendite → _____

4. ineducato → _____

5. sgarbato → _____

6. fare compere → _____

7. disgustare → _____

8. tirare sul prezzo → _____

9. riunirsi → _____

B. Dialogo-lampo. Completa le frasi con la parola o espressione adatta.

andare a male, una birra alla spina, uno stronzo, sudare, di fila

1. —Lele, cosa vuoi, un bicchiere di vino o _____?

   —Grazie, non prendo niente, perché ho già bevuto due grappe _____

   e mi gira un po' la testa.

2. —Alex, non mi piace per niente questo barista, è proprio _____!

   —Ma che vuoi, è stanco di stare sempre in piedi, non vedi come _____.

3. —Oggi preparo la cena io. Ieri sera la pasta che hai fatto faceva schifo. Il sugo che hai usato

   non era fresco, _____.

   —Va bene, cucina tu e io guardo la TV.

Strutture

1. Articolo indeterminativo

In pratica

A. Strumenti di lavoro. Lele fa una lista delle cose di cui ha bisogno per il nuovo anno accademico. Completa la lista con gli *articoli indeterminativi* adatti.

ESEMPIO: un vocabolario inglese

1. _____ penna stilografica
2. _____ zaino
3. _____ agenda
4. _____ orologio
5. _____ computer
6. _____ stampante (*printer*)
7. _____ scaffale
8. _____ forno a microonde
9. _____ edizione di *Palomar*
10. _____ sacco di soldi

B. Dialoghi-lampo. Completa gli scambi con *l'articolo indeterminativo*, se necessario. Se non è necessario, lascia lo spazio vuoto.

1. —Tiziana, hai _____ fratello, vero?

   —No, non ho fratelli—sono _____ figlia unica.

2. —Quella ragazza parla tanto bene tedesco. Ma non è _____ americana?

   —È _____ americana di origine tedesca. I suoi genitori abitano ancora a Bonn.

3. —I Rossi sono _____ coppia molto distinta. Cosa fanno?

   —Lui è _____ ingegnere; lei è _____ psicologa molto famosa.

4. —Sai chi è Cecilia Bartoli?

   —Certo, è _____ giovane cantante bravissima. Ti faccio sentire il suo ultimo CD.

5. —Che gambe lunghe ha quel bambino!

   —Sì, diventerà _____ giocatore di pallacanestro, ne siamo convinti.

6. —Non sono cattolici i signori Lazzeri?

   —Lui sì, ma la moglie è _____ luterana.

2. Presente indicativo dei verbi riflessivi e reciproci

In pratica

A. La giornata di Renata. Renata è un tipo che si dà da fare. Guarda i disegni, poi completa le frasi con le forme adatte dei verbi *riflessivi* e *reciproci*. Attenzione! Un verbo viene usato più di una volta. Altri non vengono usati affatto.

Verbi:

addormentarsi	fermarsi	recarsi (*to go*)	svegliarsi
aiutarsi	incontrarsi	riposarsi	telefonarsi
annoiarsi	lavarsi	sedersi	togliersi
darsi appuntamento	mettersi	sdraiarsi (*to stretch out*)	vestirsi

ESEMPIO: Renata *si sveglia* molto presto.

1. _____ i capelli e

_____ in fretta.

2. Renata e Mirella (la sua compagna di camera)

_____ in cucina; fanno da mangiare e

lavano i piatti insieme, poi lasciano qualcosa ai gatti prima di

_____ all'università.

3. Renata _____ a lezione di filosofia.

4. Dopo, però, _____ al bar, dove lei e gli

amici _____ due o tre volte a settimana.

5. Michele, il ragazzo di Renata, abita a Verona, ma loro

_____ ogni giorno; questa settimana

sono indaffaratissimi (*very busy*) tutti e due, così

_____ per il prossimo week-end.

6. In genere, Renata passa il pomeriggio in biblioteca a studiare.

Appena rientrata, però, _____ le

scarpe e _____ davanti alla TV; è

stanca e ha bisogno di _____ .

7. Verso mezzanotte, Renata _____ il

pigiama; _____ sul letto con

l'intenzione di ripassare gli appunti di filosofia, ma

_____ quasi subito.

B. **I buoni propositi** (*intentions*). Queste persone fanno degli sforzi per migliorarsi. Leggi attentamente le frasi, poi riscrivele usando le forme adatte delle espressioni tra parentesi.

ESEMPIO: Mi ricordo dei compleanni e degli onomastici (*name days*) degli amici. (volere) →
Voglio ricordarmi dei compleanni e degli onomastici degli amici. /
Mi voglio ricordare dei compleanni e degli onomastici degli amici.

1. Roberta si iscrive a un corso di T'ai Chi. (avere intenzione)

_____

2. Mi riposo di più perché sono molto stressato. (volere)

_____

3. Ci mangiamo le unghie; è un tic veramente schifoso. (non volere più)

_____

4. Vi abituate a fare la sauna. (dovere)

_____

5. Anna e Naomi si arrabbiano per niente. (stare attento a non)

_____

6. Luca si alza alle sei e medita per mezz'ora. (avere bisogno)

_____

C. Ricordi personali. Ripensa ai tuoi primi giorni all'università, alle esperienze nuove e inaspettate che hai affrontato. Scrivi un breve diario, utilizzando le espressioni elencate qui sotto. Cerca di usare il maggior numero di costruzioni *riflessive* e *reciproche*. Scrivi da 12 a 15 frasi.

Espressioni:

abituarsi	presentarsi	sentirsi	stabilirsi
accorgersi	rendersi conto	sistemarsi	trasferirsi
lamentarsi	rivedersi	spostarsi	trovarsi

ESEMPIO: Il primo giorno al dormitorio! Non mi sento ancora a mio agio; devo abituarmi al nuovo ambiente e a tante persone nuove. Molti ragazzi si lamentano già di vari aspetti della vita universitaria: della mensa, dell'alloggio, delle file. Mi rendo conto di quanto sono (cioè, di quanto credo di essere) timido e goffo; tutti gli altri si presentano, ridono e parlano tra di loro, e solo io ho paura (almeno, così mi pare)…

3. Aggettivi qualificativi

In pratica

A. Da uno a più e da più a uno. Volgi le espressioni *singolari* al *plurale* e viceversa.

ESEMPI: la risposta decisiva → le risposte decisive

i bei vestiti → il bel vestito

1. la spiaggia lunga _____

2. le magliette marrone _____

3. il bell'uomo _____

4. il cavallo restio _____

5. i vecchi signori _____

6. le grandi amiche _____

7. gli studiosi egoisti _____

8. le signore arroganti _____

9. il bello specchio _____

10. il giornalista simpatico _____

11. la poltrona rosa _____

B. A coppie. Scrivi delle brevi definizioni di queste coppie di espressioni.

ESEMPIO: una cara ragazza, un orologio caro → Una cara ragazza è una ragazza simpatica e gentile; un orologio caro è un orologio che costa molto.

1. una grande donna, una donna grande

_____

_____

2. le povere persone, le persone povere

_____

_____

(continued)

3. diversi oggetti, oggetti diversi

_____

_____

4. un nuovo appartamento, un appartamento nuovo

_____

_____

5. una vecchia amica, un'amica vecchia

_____

_____

C. Una serata di gala. Stasera si va al Teatro alla Scala. Leggi attentamente il brano, poi completalo con le forme adatte degli *aggettivi* elencati.

Aggettivi:

affollatissimo	lirico (*operatic*)	noto	severo
elegantissimo	lungo	patrono	ultimo
importante	milanese	pieno	vivo
internazionale	mondano (*worldly*)		

È il 7 dicembre, la festa di Sant'Ambrogio (santo _____[1] della città

di Milano), e stasera si apre la stagione _____[2] della Scala. Si tratta

dell'occasione _____[3] più _____[4] della società

_____.[5] Il ridotto (*foyer*) e la piazza davanti al teatro sono

_____,[6] _____[7] di giornalisti, di

signori _____[8] in frac (*tailcoat*), di signore vestite

all'_____[9] moda _____.[10] (Sembra quasi

una sfilata di Armani, Versace, Chanel, Ralph Lauren…) È in scena stasera una delle opere

meno _____[11] di Giuseppe Verdi, *I vespri siciliani.* Sarà una serata

un po' _____[12] (l'opera è in cinque atti), ma c'è nell'aria un senso di

_____[13] anticipazione, e anche di *suspense:* l'allestimento (*production*) sarà

accolto con applausi o con fischi da questo pubblico sofisticato e _____[14]?

Si vedrà…

4. Aggettivi e pronomi possessivi

In pratica

Un incontro tra amici. Leggi attentamente il dialogo, poi completalo con le espressioni adatte.

NAOMI: Chi si vede! Gustavo! Dimmi, come stai?

GUSTAVO: Ciao, Naomi! Non lo sapevi? Mi sono slogato _____[1] (*my*) caviglia e ho

dovuto passare una settimana a letto.

NAOMI: Dove, a casa _____[2] (*your*)?

GUSTAVO: No, dai _____[3] (*my folks*). Quando ha sentito la notizia, _____[4] (*my*) madre è corsa a prendermi.

NAOMI: Come al solito! _____[5] (*Your*) genitori sono davvero carini. E cos'hai fatto a casa _____[6] (*their*)?

GUSTAVO: Proprio niente. A dire il vero, mi sono piuttosto annoiato. Una sera sono venuti alcuni _____[7] (*of my*) amici, ma per lo più ho passato le serate come uno zombi davanti alla TV.

NAOMI: Come, non ti piacciono le telenovelle?

GUSTAVO: Per carità! Sai, da piccolo potevo guardare solo due ore di tivù a settimana —_____[8] (*my*) padre era molto severo. Io all'epoca mi lamentavo molto, ma ora capisco che aveva ragione.

NAOMI: È vero. Non sai quanto tempo _____[9] (*my*) fratelli ed io abbiamo sprecato davanti al televisore. Ma dimmi un po', _____[10] (*your*) caviglia va meglio adesso, no?

GUSTAVO: Sì, la dottoressa ha detto che devo solo bagnare _____[11] (*my*) caviglia e _____[12] (*my*) piede prima di andare a letto.

NAOMI: Meno male! Ma com'è successo?

GUSTAVO: Mah, è stata colpa _____[13] (*my*). Ero andato a sciare con Michela e qualche _____[14] (*of her*) amico, e invece di sciare in una pista per principianti (*beginners*)...

NAOMI: Ho capito, hai voluto fare il macho!

GUSTAVO: Purtroppo, lo devo ammettere. Ma come ha detto _____[15] (*my*) papà— duemila volte questa settimana! —«È importante conoscere _____[16] (*one's own*) limiti».

NAOMI: E aveva ragione anche in questo. Senti, devo scappare, ma fatti vivo uno di questi giorni!

GUSTAVO: D'accordo. Stammi bene! A presto!

5. Espressioni interrogative

In pratica

A. Domande-lampo. Completa gli scambi con le *espressioni interrogative* adatte. Usa le preposizioni se necessario. Attenzione! Alcune espressioni comprendono più di una sola parola.

1. —_____ vai al congresso?

—Con Laura de Michelis, una mia collega di lavoro.

(*continued*)

2. —_____ persone avevi invitato alla riunione?

—Più di cento. Ma eravamo quattro gatti (*there were very few of us*) lo stesso.

3. —_____ ora ci vediamo?

—Alle sei, così non facciamo troppo tardi.

4. —_____ arriva la tua fidanzata?

—Venerdì prossimo. Non vedo l'ora!

5. —_____ è quel ristorante che vi è piaciuto tanto?

—Si chiama *Café Luxembourg*. È molto vicino all'opera.

6. —_____ pensi?

—Alla relazione che devo scrivere. È su un argomento molto complicato.

7. —_____ sono i signori Mantovani?

—Sono degli snob insopportabili. Non me ne parlare!

8. —_____ è questo regalo?

—Per i miei genitori. Festeggiano il cinquantesimo anniversario.

B. **Voglia di sapere.** Leggi attentamente le risposte, poi fa' quante domande possa (*as many questions as you can*).

ESEMPIO: Le elezioni nazionali hanno luogo il martedì. →
Quali elezioni hanno luogo il martedì?
Quando hanno luogo le elezioni nazionali?
Che cosa ha luogo il martedì?
In quale giorno della settimana hanno luogo le elezioni nazionali?

1. Sono dei giovani menefreghisti (*apathetic*); non aprono mai il giornale.

_____

_____

_____

2. C'è una manifestazione in via Brattle per la riforma contro la violenza sessuale.

_____

_____

_____

3. Quest'anno più di 20 donne si presentano candidate al Senato.

_____

_____

_____

4. L'aborto rimane una questione molto controversa negli Stati Uniti.

_____

_____

Precisiamo!

<table>
<tr><td colspan="2">QUESTIONS</td></tr>
<tr><td colspan="2">• domandare, chiedere to ask; domandare di, chiedere di to ask about</td></tr>
<tr><td>Domandagli / Chiedigli quanto costa.</td><td>Ask him how much it costs.</td></tr>
<tr><td>Ha domandato / chiesto di tua madre.</td><td>She asked how your mother is doing.</td></tr>
<tr><td colspan="2">• fare una domanda to ask a question; fare domanda to apply</td></tr>
<tr><td>Hai fatto una domanda interessante.</td><td>You asked an interesting question.</td></tr>
<tr><td>Ho fatto domanda per una borsa di studio.</td><td>I applied for a scholarship.</td></tr>
<tr><td colspan="2">• domandarsi, chiedersi to wonder</td></tr>
<tr><td>Mi domando / chiedo dov'è andato a finire.</td><td>I wonder where he ended up.</td></tr>
<tr><td colspan="2">• richiedere to require, to demand; to ask for something back</td></tr>
<tr><td>I poliziotti hanno richiesto i nostri documenti.</td><td>The policemen asked for our documents.</td></tr>
<tr><td>Le ho richiesto gli appunti.</td><td>I asked her for my notes back.</td></tr>
<tr><td colspan="2">• la richiesta demand, request</td></tr>
<tr><td>D'estate non c'è molta richiesta di cioccolata calda.</td><td>In summer there isn't much demand for hot chocolate.</td></tr>
<tr><td colspan="2">• la questione issue, matter</td></tr>
<tr><td>È una questione molto delicata.</td><td>It's a very delicate matter.</td></tr>
</table>

A. Quale espressione? Leggi attentamente le frasi, poi completale scegliendo le espressioni adatte.

1. La (domanda / questione) del razzismo preoccupa molti americani.
2. Ha fatto la (richiesta / questione) in modo gentile; non te la devi prendere così.
3. Se non capisci lo devi (chiedere / fare una domanda) alla professoressa, non a me.
4. La settimana scorsa ho fatto (una domanda / domanda) per vari impieghi ma non ho ancora sentito niente.
5. Gli ho (richiesto / mantenuto) i soldi che gli avevo prestato.
6. In quel negozio (fanno domanda / richiedono) la patente e una carta di credito per accettare un assegno.
7. Mi (domandavo / facevo domanda) se ci avrebbe accompagnato.

B. Ora tocca a te! Usa ognuna delle espressioni elencate qui sopra in una tua frase originale. Usa un altro foglio.

Autovalutazione

A. Verbi riflessivi e reciproci. Completa le frasi con uno dei seguenti verbi nella forma corretta del *presente indicativo*: **annoiarsi, darsi appuntamento, fermarsi, riposarsi, sdraiarsi.**

1. Non mi piace andare all'opera, non capisco niente. _____ moltissimo.

2. Il dottore ha detto che dopo l'operazione mia madre deve _____.

3. Appena arriva a casa dei genitori Alex _____ sulla poltrona e guarda la televisione.

4. Prima di andare a lezione devo _____ in biblioteca a ritirare dei libri.

5. Alex e Lele _____ davanti alla biblioteca per andare poi in palestra insieme.

B. Aggettivi e pronomi possessivi. Completa le frasi con il *pronome* e l'*aggettivo possessivo* suggerito in inglese.

1. Questo è (*my*) _____ borsone ma quello è _____ (*yours sing.*).

2. Queste sono (*her*) _____ gonne ma quelle sono _____ (*mine*).

3. Quella è (*their*) _____ macchina e questa è _____ (*yours pl.*)

C. Espressioni interrogative. Fa' delle domande che si riferiscono alle parti sottolineate delle frasi.

1. Alex va <u>a casa</u> per fare il bucato. → _____

2. Il padre di Alex è molto severo <u>con lui.</u> → _____

3. Mi faccio la barba <u>con il rasoio elettrico</u> (*electric shaver*). → _____

4. Quando si vedono <u>si salutano.</u> → _____

5. La biblioteca è aperta <u>dalle 8 alle 10.</u> → _____

APRITE LE ORECCHIE! 🎧

Lessico ed espressioni comunicative

Vocabolario attivo

A. Contrari. Sentirai due volte una serie di espressioni. Scegli dalla lista che segue la parola che ha il significato contrario di quella che hai sentito. Sentirai le risposte giuste alla fine dell'esercizio.

1. _____
2. _____
3. _____
4. _____
5. _____

    a. maleducato
    b. robetta
    c. alla spina
    d. di pelle
    e. mercanteggiare

B. Da rispondere. Ascolta i mini-dialoghi e poi rispondi alle domande. Sentirai le risposte giuste alla fine dell'esercizio.

1. Perché Carla odia l'arte contemporanea?
2. Perché Alex non fa compere nei centri commerciali?
3. Come mai Lele e suo zio non si sono ricongiunti per tanto tempo?

Strutture

1. Articolo indeterminativo

A. In facoltà. Guarda attentamente il disegno. Scrivi il numero che corrisponde al nome della cosa o persona indicata nell'elenco qui sotto. Dopo una breve pausa sentirai la risposta giusta.

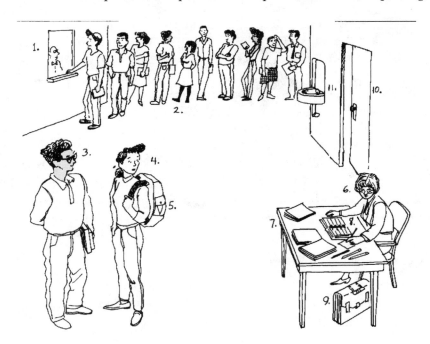

ESEMPIO: numero 1 → uno sportello

Espressioni: agenda _____   professoressa _____   tavolo _____

cartella _____   sportello __*1*__   ufficio _____

fila _____   studente _____   zaino _____

fontana _____   studentessa _____

B. Quattro chiacchiere. Ascolta attentamente gli scambi, più volte se necessario. Poi rispondi alle domande che seguono usando *l'articolo indeterminativo*. Dopo una breve pausa sentirai la risposta giusta.

ESEMPIO: PAOLO: Silvia, prendi anche un gelato?

SILVIA: Mi piacerebbe molto, ma sono a dieta. Prendo un caffè e basta.

Cosa decide di prendere Silvia? → *un caffè*

1. _____   3. _____

2. _____   4. _____

2. Presente indicativo dei verbi riflessivi e reciproci

A. Attività mattutine. Guarda attentamente il disegno e di' quello che fanno queste persone. Usa le espressioni elencate. Dopo una breve pausa sentirai la risposta giusta.

ESEMPIO: Cosa fa Franco? → Si veste.

Espressioni: bruciarsi il dito   lavarsi i capelli   svegliarsi

farsi la barba   pettinarsi   togliersi il pigiama

farsi da mangiare   pulirsi i denti

1. …   2. …   3. …   4. …   5. …   6. …   7. …   8. …

B. Una festa memorabile. Guarda il disegno di una festa data dai signori Grossi l'anno scorso. Descrivi quello che le varie persone fanno e pensano usando le espressioni elencate. I numeri che senti corrispondono ai numeri del disegno. Dopo una breve pausa sentirai la risposta giusta.

ESEMPIO: Numero 1 → Si innamorano.

Espressioni: abbracciarsi   aiutarsi   darsi la mano   farsi regali   odiarsi

2. ...   3. ...   4. ...   5. ...   6. ...

C. Domande personali. Sentirai una serie di domande. Rispondi con delle tue risposte personali. Dopo una breve pausa sentirai una risposta possibile.

1. ...   2. ...   3. ...   4. ...   5. ...

3. Aggettivi qualificativi

A. Una foto di famiglia. Guarda attentamente il disegno, poi rispondi alle domande che senti scegliendo tra le espressioni elencate. I numeri che senti corrispondono ai numeri del disegno. Dopo una breve pausa sentirai la risposta giusta.

ESEMPIO: 1. Come sono le zie Ada e Alberta? (antipatico / simpatico) → Sono simpatiche.

2. nero / bianco
3. sveglio (*lively*) / stanco
4. egoista / umile

5. piccolo / grande
6. brutto / bello

B. Da uno a più e da più a uno. Volgi le espressioni *singolari* al *plurale* o viceversa. Dopo una breve pausa sentirai la risposta giusta.

ESEMPI: l'auto bianca → le auto bianche
i colleghi simpatici → il collega simpatico

1. ...   2. ...   3. ...   4. ...   5. ...   6. ...   7. ...   8. ...

4. Aggettivi e pronomi possessivi

A. **Sono mie!** Sei una persona molto avida (*possessive*). Di' che tutte queste cose e persone sono tue. Dopo una breve pausa sentirai la risposta giusta.

    ESEMPI: carte → le mie carte

                    padre → mio padre

    1. ...   2. ...   3. ...   4. ...   5. ...   6. ...   7. ...   8. ...

B. **A ciascuno il suo** (*To each his own*). Cosa si guarda alla TV? Ascolta attentamente le frasi, poi completale secondo l'esempio. Dopo una breve pausa sentirai la risposta giusta.

    ESEMPIO: Io ho i miei programmi preferiti e voi... → avete i vostri.

    1. ...   2. ...   3. ...   4. ...   5. ...   6. ...

5. Espressioni interrogative

A. **Voglia di sapere.** Fa' vedere la tua città a due amici. Fa' la loro parte e trasforma le frasi che senti in domande usando le espressioni indicate. (In alcuni casi, non bisogna aggiungere nulla.) Ripeti ogni domanda, facendo particolare attenzione all'intonazione.

    ESEMPIO: (non è vero) Qui danno dei film stranieri. → Qui danno dei film stranieri, non è vero?

    1. no   4. va bene
    2. —   5. —
    3. d'accordo

B. **Interrogatorio.** Paolo, uno studente italiano, fa ricerca negli Stati Uniti. Ascolta attentamente le sue risposte, poi fa' le domande che hanno suscitato (*elicited*) quelle risposte. Dopo una breve pausa sentirai una possibile risposta giusta.

    ESEMPIO: Sono di Bologna. → Di dove sei?

    1. ...   2. ...   3. ...   4. ...   5. ...

Ascoltiamo!

I giovani. Ascolta attentamente il breve servizio giornalistico e poi di' se le frasi proposte sono vere o false. Sentirai le risposte giuste alla fine dell'esercizio.

Vero o falso?

1.	I giovani italiani sono disposti a rischiare di più nella loro vita.	V	F
2.	In famiglia spesso seguono i suggerimenti dei genitori.	V	F
3.	Molti giovani vanno all'estero.	V	F
4.	Pur di tenere la loro *privacy*, i giovani vanno lontano dai genitori.	V	F
5.	Spesso i giovani non trovano posti ben pagati.	V	F

Capitolo 3   L'Italia oggi

PRENDETE PENNA E CALAMAIO!

Lessico ed espressioni comunicative

Vocabolario attivo

Dialogo-lampo. Completa gli scambi con i vocaboli adatti.

1. —Mannaggia! (*Darn!*) Sono di nuovo in ritardo al lavoro. _____ mi

   sgrida di sicuro.

   —Lele, arrivi sempre tardi, non ti senti _____?

2. —Carla e io usciamo a prendere un caffè, ne vuoi anche tu?

   —Sì, grazie, con _____ di latte. Essendo di fretta stamattina non

   sono riuscito a mangiare, potreste portarmi anche _____? Però

   non posso darvi dei soldi, sono proprio _____.

3. —Lele, oggi rispondi tu al telefono. Su questo _____ ci sono tutte le

   informazioni da dare ai clienti. Per piacere, cerca di essere _____

   e gentile.

   —Bene, lo faccio, quando ho cose da fare il tempo _____.

4. —Pinacoteca di Brera, buon giorno, sono Gabriele.

   —Mi potrebbe dire quanto costa _____ per un gruppo di venti

   persone?

   —Per i gruppi c'è sempre _____.

5. —Di nuovo squilla il telefono! Devo _____

   il cliente mentre parlo con un altro.

   —_____! Attacco, sono stufo di aspettare delle ore al telefono per

   una semplice risposta.

6. —Carla, guarda il nostro Lele, fa le cose proprio _____.

   —È vero, lui non si sbriga mai, perciò arriva sempre tardi in ufficio.

Strutture

1. *Dovere, potere* e *volere*

In pratica

A. Dialoghi-lampo. Completa gli scambi con la forma adatta di **dovere, potere, volere** o **volerci**.

1. —Cosa _____ fare per diventare un direttore d'orchestra come Claudio Abbado?

   —Caro mio, _____ molti anni di studio e un gran talento!

2. —Francesca, in Italia (voi) _____ andare a scuola anche il sabato?

   —Certo, (noi) non _____ passare la giornata davanti alla TV come i ragazzi

   americani!

3. —Riccardo, cosa _____ dire «zeugma»?

   —Non lo so; (tu) lo _____ cercare nel dizionario.

4. —Stefano, come mai non _____ accompagnarci?

   —Per essere sincero, non _____ sopportare quella tua amica, Mariangela. Mi dà

   sui nervi.

5. —Com'è simpatico tuo fratello! È gentile, spiritoso, e sa anche cucinare molto bene.

   —Eh sì, (noi) gli _____ tutti un mondo di bene.

6. —_____ molto tempo per prendere la laurea in Italia?

   —In teoria, no; chi _____ lo _____ anche fare in quattro anni.

B. Un diario. Pensa alla gioventù (*youth*) (non troppo lontana, speriamo!). Mettendoti nei panni (*Putting yourself back in the place*) di un ragazzo / una ragazza di questa età, di' quello che vuoi, devi e puoi fare (o *non* vuoi, *non* devi e *non* puoi fare). Spiega perché.

ESEMPIO: a cinque anni →

Non voglio andare a letto prima delle otto, ma lo faccio perché i genitori mi obbligano.

Devo dividere la camera con mia sorella perché abbiamo una casa molto piccola.

Non posso mangiare carne perché in famiglia siamo tutti vegetariani.

1. a cinque anni

   _____

   _____

   _____

2. a dieci anni

   _____

   _____

   _____

3. a diciassette anni

_____

_____

_____

4. Ora parla un po' dei tuoi desideri, doveri e possibilità attuali (*current*).

_____

_____

2. Passato prossimo

In pratica

A. **Participi difficili.** Scrivi i *participi passati* adatti.

ESEMPIO: andare → andato

sorprendere → sorpreso

1. avere _____

2. vivere _____

3. esprimere _____

4. piacere _____

5. fare _____

6. garantire _____

7. togliere _____

8. sopportare _____

9. produrre _____

10. distrarre _____

B. **Sarei dovuto restare a letto!** Fabrizio ha passato una giornata proprio brutta. Completa il brano con le forme adatte del *passato prossimo*.

Che giornata orrenda! (Io) _____[1] (alzarsi) tardi perché la sveglia non

_____[2] (suonare). _____[3] (dimenticare) la

lezione di chimica—di solito la facciamo il venerdì, ma questa settimana il professore

_____[4] (volere) farla giovedì. Uscendo di casa

_____[5] (inciampare, *to trip*) in un sasso (*stone*), e

_____[6] (perdere) l'autobus delle 9.30; _____[7]

(dovere) aspettare alla fermata fino alle 10.00. Sull'autobus _____[8]

(incontrare) la madre di Giulia, quella ragazza che mi piace tanto. _____[9]

(dire) «Buon giorno, signora de Angelis.» Mi _____[10] (fissare, *to stare at*),

poi _____[11] (rispondere): «Ah, Lei sarà quel ragazzo di cui Giulia mi

_____[12] (parlare) tanto.» «E Giulia, come sta?» «Benissimo,

_____[13] (partire) stamani per Bologna per andare a trovare il suo

fidanzato. Scendo adesso, buon giorno.» Dopo questo, (io) _____[14]

(rendersi conto) di aver lasciato a casa i compiti di fisica, per cui la professoressa Biondi mi

_____[15] (dare) una bella sgridata (*really bawled me out*). Proprio una

giornataccia!

C. **Dialoghi-lampo.** Completa gli scambi mettendo i verbi al *passato prossimo*.

1. —Come (voi) _____ (passare) il fine settimana?

   —Sabato (io) _____ (finire) di scrivere una relazione, poi domenica

   (noi) _____ (passare) dai miei suoceri.

2. —(Tu) _____ (andare) in palestra?

   —No, ma _____ (correre) tre miglia stamattina.

3. —_____ (nevicare) a Chicago?

   —No, ma _____ (tirare) vento, e (io) non

   _____ (volere) uscire con i bambini.

4. —Uffà! (Io) _____ (correre) da casa mia all'università.

   —Che _____ (succedere)—la sveglia non

   _____ (suonare)?

5. —_____ già _____ (finire) la festa?

   —Non lo sapevi? (Noi) _____ (cambiare) idea—

   _____ (decidere) di dare la festa alla fine del mese.

6. —Dove (voi) _____ (andare) ieri sera?

   —A sentire la violinista Nadja Salerno-Sonnenberg. _____ (suonare)

   Brahms e Paganini.

7. —Mirella _____ molto _____ (cambiare),

   non ti pare?

   —È vero, da quando _____ (cominciare) il nuovo lavoro sembra

   molto più tranquilla.

8. —(Tu) _____ (finire) di leggere *I promessi sposi*?

   —No, (io) non _____ (potere); mi _____

   (dovere) riposare perché stavo male.

D. **La mia giornata.** Descrivi al *passato prossimo* cosa hai fatto oggi, usando almeno otto dei seguenti verbi. Scrivi da dieci a dodici frasi.

   Verbi:

alzarsi	divertirsi	mettersi	svegliarsi
annoiarsi	incontrarsi	pettinarsi	vedersi
darsi appuntamento	lavarsi	salutarsi	vestirsi

3. Imperfetto

In pratica

A. **Vacanze idilliche.** Leggi attentamente il brano. Poi mettilo all'*imperfetto,* iniziando con **Da giovane...** . Usa un altro foglio.

ESEMPIO: Da giovane Alex **passava** le vacanze al mare...

Alex **passa** le vacanze al mare, dove **va** con i genitori. Dalla mattina alla sera **è** sulla spiaggia e **pranza** sotto l'ombrellone. **Prende** il sole e quando **fa** troppo caldo **si tuffa e nuota** per mezz'ora. Uno **può** bagnarsi tranquillamente perché il mare non **è** ancora inquinato. Per di più, nessuno **si preoccupa** dei raggi UVA, e non **bisogna** mettersi la crema antisolare dopo ogni tuffo. **Ritorna** a casa verso le sette e **cena.** Non **mangia** molto perché **fa** troppo caldo, però **beve** tanta acqua minerale. Di solito non **esce** perché **ha** troppo sonno, e **si addormenta** davanti al televisore. **Dice** sempre che questo **è** il periodo più bello della sua vita.

B. **Una volta sì, ma non più.** Ci sono delle cattive (o delle buone) abitudini che hai abbandonato? Confessati, seguendo gli esempi e spiegando perché hai cambiato vita.

Suggerimenti: andare in palestra   mettersi davanti al televisore tutte le sere
                   bere il latte   pagare in contanti (*cash*)
                   fumare   pettegolare (*to gossip*)
                   leggere il *National Enquirer*   prendere l'autobus
                   mangiare in un fast-food   superare il limite di velocità

ESEMPIO: Una volta fumavo venti sigarette al giorno, ma non lo faccio più perché è un'abitudine schifosa che mi faceva male alla salute. /

Una volta andavo in palestra tutti i giorni, ma non lo faccio più perché sono un pigrone!

1. _____

_____

2. _____

_____

3. _____

_____

4. _____

4. Avverbi

In pratica

A. **Il giochetto dei contrari.** Dopo ogni espressione, scrivi un'espressione contraria. Segui l'esempio.

ESEMPIO: sempre → (non...) mai

1. qua _____   7. tardi _____

2. malvolentieri _____   8. molto _____

3. anche _____   9. ancora _____

4. male _____   10. difficilmente _____

5. spesso _____   11. velocemente _____

6. tranquillamente _____   12. seriamente _____

B. Come fanno? Guarda attentamente i disegni. Poi scegli un'espressione dalla lista e trasformala in *avverbio* (se necessario) per descrivere come si comportano queste persone.

ESEMPIO: Come pulisce Massimo? → Pulisce frettolosamente.

Espressioni: aggressivo   forte   piano   strano
                   diligente   frettoloso   rispettoso

1. Come ballano i signori Getto?

_____

2. Come parla Stefano?

_____

3. Come guida la signora Pinelli?

_____

4. Come gioca a tennis Laura?

_____

5. Come si comporta Davide?

6. Come studia Anna?

_____

_____

Precisiamo!

TO TAKE
• **prendere** *to take* (*in most senses*)
Grazie, prendo una fetta di torta.   *Thanks, I'll take a slice of pie.*
• **portare** *to take* (*someone or something somewhere*)
Ti voglio portare a vedere *La Bohème.*   *I want to take you to see La Bohème.*
• **togliersi** *to take off* (*clothing*)
Toglietevi quella roba bagnata prima di entrare!   *Take off those wet things before you come inside!*
• **volerci** *to take* (*time, patience*)
Ci vuole tempo (pazienza).   *It takes time (patience).*
• **metterci, impiegare** *to take* (*time*)
Ci ho messo / Ho impiegato tre mesi per finire quel quadro.   *I took three months to finish that painting.*
• **portare via** *to take away* (*from someone*)
Ha paura che il fratello gli porti via la ragazza.   *He's afraid his brother will take away his girlfriend.*
• **da portare via** *take-out* (*adj.*)
In Italia si vedono sempre di più i piatti da portare via.   *In Italy you see more and more take-out dishes.*

A. Quale espressione? Completa le frasi scegliendo le espressioni adatte.

1. Ho telefonato a Pagliacci per le pizze (da portare via / da metterci). Fammi un favore e va' a prenderle tu.
2. Per me quest'articolo è bellissimo. Quanto tempo (hai portato / ci hai messo) a scriverlo?
3. Quando siamo entrati la dottoressa (ha tolto / si è tolta) gli occhiali e ci ha salutato con gentilezza.

(continued)

4. Mi dispiace, signora: il concerto del 25 è esaurito, ma ci sono ancora posti (disponibili / insoluti) per il 27.
5. Uffa! (Ci vuole / Si prende) molta pazienza con questi ragazzi!
6. Gli studenti stimano la professoressa Cardini perché è una persona (franca / dubbia).
7. Che noia quel film! Non sono riuscita a tenere gli occhi (disponibili / aperti).
8. L'esistenza o no degli extraterrestri è una questione (dubbia / franca) per molte persone.
9. Si sono dati da fare—hanno (impiegato / portato) quasi un anno a restaurare la casa.

B. Ora tocca a te! Adopera ognuna delle espressioni elencate qui sopra in una tua frase originale. Usa un altro foglio.

Autovalutazione

A. *Dovere, potere* e *volere*. Completa le seguenti frasi con il verbo modale che logicamente completa la frase.

1. Lele è sempre in ritardo al lavoro, _____ mettere la sveglia (*alarm clock*) almeno dieci minuti prima, altrimenti lo licenziano (*fire*).

2. Se qualcuno telefona e tu non sai la risposta _____ mettere il cliente in attesa e parlare con me, sarò ben contento di aiutarti.

3. Per il colloquio voglio fare una bella figura, oggi vado in un negozio del centro, _____ comprare un vestito bello.

4. Voglio comprare un cornetto ma sono al verde, Carla, mi _____ prestare cinque euro?

5. Domani ho un colloquio importante, _____ andare a letto presto.

B. Passato prossimo. Completa le seguenti frasi con il verbo dato fra parentesi.

1. Quel film non mi _____ (piacere), però mi _____ (piacere) gli attori.

2. Prima di venire a casa _____ (fermarsi) al supermercato, lì ho incontrato tua madre che mi _____ (fermare) a parlare per mezz'ora.

3. Ieri sera _____ (dire) a mia madre che lei _____ (dare) a mio figlio troppi soldi per il suo compleanno.

4. Lo studente non _____ (leggere) il romanzo perché lui _____ (perdere) la copia della biblioteca.

5. Quando il mio amico _____ (capire) che io non volevo aiutare in casa, _____ (pulire) lui il bagno.

C. Imperfetto. Trasforma le frasi dal presente all'*imperfetto*. Segui l'esempio.

ESEMPIO: Alex adesso legge *Il Corriere della Sera.* → Da bambino leggeva i fumetti.

1. Lele adesso beve caffè tutte le mattine. → _____
2. Alex e Lele adesso giocano a calcio. → _____

3. Noi non andiamo in vacanza dove vogliamo. → _____

4. Io e mio fratello non ci parliamo spesso. → _____

5. Ora mi sveglio alle 7. → _____

APRITE LE ORECCHIE! 🎧

Lessico ed espressioni comunicative

Vocabolario attivo

A. Da abbinare. Abbina le espressioni che senti con le parole logicamente associate dall'elenco. Sentirai le risposte giuste alla fine dell'esercizio.

1. _____
2. _____
3. _____
4. _____
5. _____

    a. la capoufficio
    b. lo sconto
    c. l'ingresso
    d. il foglio
    e. il cornetto

B. Dialogo-lampo. Ascolta il breve dialogo tra Alex e Lele in cui discutono del colloquio di lavoro che Lele sta per sostenere con la direttrice del museo dove ha fatto domanda per lavorare. Completa il dialogo con le espressioni mancanti. Sentirai le risposte giuste alla fine dell'esercizio.

LELE: Ho parlato al telefono con la capoufficio, è gentile e ha proprio una voce

_____.[1]

ALEX: Ti sei innamorato della sua voce?

LELE: Che sciocco che sei. Quando l'ho chiamata non c'era e la segretaria mi

_____[2] per ben dieci minuti, quando ha risposto poi mi ha

preso di sorpresa e la sua voce mi ha colpito.

ALEX: Va beh, l'importante è che tu vada a fare il colloquio aggressivo, carico, non

_____[3] come spesso fai tu.

LELE: È quello che mi preoccupa, sono già emozionato.

ALEX: Cerca di pensare che quel lavoro è tuo perché hai bisogno di lavorare,

_____.[4]

LELE: Ho paura perché più dura il colloquio e più mi viene paura.

ALEX: Vedrai che dura poco e poi il tempo _____[5] velocemente e se

sei emozionato, fermati, prendi _____[6] e poi riprendi a

rispondere alla domanda.

LELE: Sei così bravo, perché non vai tu al colloquio?

Strutture

1. *Dovere, potere* e *volere*

A. Dei fannulloni (*Lazybones*). Queste persone fanno ben poco. Digli quello che devono fare. Dopo una breve pausa sentirai la risposta giusta.

 ESEMPIO: Non parlo al capoufficio. → Ma devi parlare al capoufficio!

 1. … 2. … 3. … 4. … 5. …

B. Gente ostinata. Queste persone non sono disposte a fare le cose che gli farebbero bene. Parafrasa quello che senti, usando l'informazione indicata qui sotto. Dopo una breve pausa sentirai la risposta giusta.

 ESEMPIO: fare ginnastica ogni giorno
     Non faccio ginnastica ogni giorno. → Posso fare ginnastica ogni giorno, ma non voglio.

1. andare dal dentista
2. smettere di fumare
3. mangiare molta frutta e verdura
4. andare a piedi all'università
5. bere molta acqua

C. Studi all'estero. Sentirai un dialogo tra due amici. Ascoltalo attentamente, più volte se necessario. Poi ferma l'audio e completa le frasi che seguono con le forme adatte di **dovere, potere, volere, volerci, voler bene** o **voler dire**. Le risposte si trovano alla fine del *Manuale di esercizi*.

1. Massimo _____ andare a New York a studiare inglese.

2. Giulia dice che non _____ andarci perché

 _____ molti soldi alla sorella.

3. Evidentemente, la sorella _____ veramente

 _____ a Giulia.

4. Secondo Massimo, non _____ molti soldi per il viaggio.

5. Giulia dice che se va negli Stati Uniti, questo _____ che dovrà

 lavorare molto l'estate prossima.

2. Passato prossimo

A. Una visita-lampo. Simona, la ragazza di Lele, ha potuto passare un giorno solo a Venezia. Dopo ogni numero, guarda il disegno corrispondente e di' quello che ha fatto. Usa le espressioni indicate. Dopo una breve pausa sentirai la risposta giusta.

 ESEMPIO: 1.

    arrivare alle 8.00 di mattina → È arrivata alle 8.00 di mattina.

2. vedere il famoso
Campanile

3. meravigliarsi
dell'inquinamento

4. andare in traghetto a
Murano

5. fare tantissime foto

6. partire stanca ma felice

B. Presso il sindaco di Milano. Cosa si è fatto oggi nell'ufficio del sindaco di Milano per svolgere un piano d'azione per fermare il calo del numero di visitatori ai musei milanesi specialmente alla Pinacoteca di Brera? Ascolta attentamente le frasi, poi volgile al *passato prossimo*. Dopo una breve pausa sentirai la risposta giusta.

ESEMPIO: Discutono le future mostre. → Hanno discusso le future mostre.

1. … 2. … 3. … 4. … 5. … 6. …

3. Imperfetto

A. Ricordi d'infanzia. Martina, una ragazza americana, scrive a un amico italiano di un ambiente che amava molto da giovane. Ascolta attentamente, più volte se necessario, poi indica se queste affermazioni sono vere o false. Sentirai le risposte giuste alla fine dell'esercizio.

Vocabolario utile: la spiaggia   *beach*

Vero o falso?

1. Quando Martina era piccola, le spiagge pubbliche di New York erano affollatissime.	V	F
2. Martina costruiva castelli di sabbia.	V	F
3. A Martina piaceva fare il surfing.	V	F
4. I nonni non venivano mai con Martina alla spiaggia.	V	F
5. I nonni portavano Martina e le sue sorelle in gelateria.	V	F

B. Domande personali. Com'eri a 15 anni? Rispondi alle domande che senti con delle tue risposte personali. Dopo una breve pausa sentirai una possibile risposta giusta.

1. … 2. … 3. … 4. … 5. …

4. Avverbi

A. Come fanno? Sentirai delle brevi descrizioni di persone. Ascolta attentamente, poi usa una delle espressioni indicate per rispondere alle domande. Forma gli avverbi quando necessario. Dopo una breve pausa sentirai la risposta giusta.

> ESEMPIO: Mirella batte gli appunti al computer e va ogni pomeriggio in biblioteca.
> Come studia? (diligente / frettoloso) → Studia diligentemente.

1. chiaro / difficile
2. veloce / intelligente
3. presto / tardi
4. eccessivo / non... affatto
5. piano / rapido
6. raro / spesso

B. Abitudini di lettura. Patrizia è una lettrice appassionata. Ferma l'audio e leggi le frasi. Poi ascolta e modifica le frasi con gli avverbi e le locuzioni avverbiali che senti. Dopo una breve pausa sentirai la risposta giusta.

> ESEMPIO: Leggo *Il Corriere della Sera*. (sempre) → Leggo sempre *Il Corriere della Sera*.

1. Ho comprato *La Nazione*.
2. Ho letto la critica dell'ultima mostra alla Pinacoteca di Brera.
3. Mi piace leggere le biografie degli artisti famosi.
4. Sarà pubblicato il nuovo dépliant della Pinacoteca di Brera.
5. Non ho letto i romanzi di fantascienza.
6. Il libro sulla storia dell'arte rinascimentale è interessante.

Ascoltiamo!

Vasco Rossi. Nel seguente brano ipotetico Vasco Rossi, un famoso cantante italiano di musica rock, parla della sua infanzia e delle cose che amava. Ascolta attentamente, poi indica se queste affermazioni sono vere o false. Sentirai le risposte giuste alla fine dell'esercizio.

Vero o falso?

1.	A Vasco non piacevano i videogiochi.	V	F
2.	Non giocava all'aperto perché non stava bene.	V	F
3.	Il papà lavorava per permettere al figlio di comprare i poster di Elvis.	V	F
4.	All'università Vasco non studiava molto.	V	F
5.	Nessuno era deluso dal comportamento di Vasco all'università.	V	F

Capitolo 4 | A tavola

PRENDETE PENNA E CALAMAIO!

Lessico ed espressioni comunicative

Vocabolario attivo

A. **Simili.** Scrivi i vocaboli del **Lessico ed espressioni comunicative** che hanno un significato simile alle seguenti parole ed espressioni.

1. il negozio _____

2. capace _____

3. che spende troppo _____

4. ridotto _____

5. vietare _____

6. ricordare _____

7. essere impegnato _____

8. economico _____

B. **Mini-dialoghi.** Completa gli scambi con le forme adatte delle espressioni indicate.

Espressioni: un affare   lo sconticino   riempire   di marca

            il retrobottega   la vetrina   trattare   ci mancherebbe altro

1. —Bo, oggi ho proprio fatto _____ nel negozio dei tuoi genitori.

   Mi hanno fatto un bello _____ quando ho comprato una borsa

   da viaggio.

   —Lele tu hai sempre saputo _____ con loro. Ti amano più di me.

2. —Tuo padre mi ha fatto anche vedere le borse che aveva nel _____

   e ha tirato fuori anche una che era in _____. È stato molto gentile.

   —Spero che non ti abbia venduto per pochi soldi una borsa _____.

   Quelle costano molto di più.

   _____! Io non sono tirchio.

3. —Devo comprarmi un nuovo portafoglio. Il mio è tutto distrutto.

   —Chiaro, perché lo _____ con cose inutili.

Strutture

1. Pronomi diretti

In pratica

A. **Dalla Lega.** Roberta è cuoca in un ristorante. Prendi la parte di Roberta e rispondi affermativamente a tutte le domande del proprietario.

    ESEMPIO: —Ha fatto la torta per il compleanno della figlia dei Colleoni? →
            —Sì, l'ho fatta.

1. —Ha letto il nuovo menù?

   —_____

2. —Ha trovato i nuovi coltelli che avevo comprato l'altro giorno?

   —_____

3. —Ha ordinato le spezie?

   —_____

4. —Ha chiamato la signora Morelli?

   —_____

5. —Ha letto il nuovo libro di cucina di Giada De Laurentis?

   —_____

B. **Persone esigenti.** Massimo è un tipo molto compiacente (*accommodating*) e gli amici sono abituati a chiedergli molti favori. Oggi però non li può aiutare. Prendi la parte di Massimo e spiega perché. Usa i *pronomi diretti*.

    ESEMPIO: —Ci vediamo al ristorante «Pechino» stasera?
            —Mi dispiace, non posso vedervi. / Non vi posso incontrare stasera. Sono sfinito e
             voglio andare a letto presto.

1. —Mi porti a vedere il nuovo film di Scorsese?

   —_____

2. —Ci inviti a cena questo week-end?

   —_____

3. —Devo andare in centro. Mi accompagni con la macchina?

   —_____

4. —Prepari le lasagne stasera?

   —_____

5. —Ci aspetti dopo la classe di yoga?

   —_____

6. —Vai a trovare Francesco? Poverino, si è rotto la gamba.

   —_____

C. **Domande personali.** Rispondi alle domande secondo le tue opinioni ed esperienze personali. Usa i *pronomi diretti* nelle tue risposte e aggiungi dei particolari.

> ESEMPIO: Prepari spesso la cena a casa? → Sì, la preparo ogni sera. / No, non la preparo mai.
> Preferisco i piatti pronti che devo solo riscaldare.

1. Hai provato le penne all'arrabbiata?

   _____

2. Prepari qualche volta la pizza per i tuoi amici?

   _____

3. A casa tua, chi lavava i piatti?

   _____

4. Hai fatto la spesa questa settimana?

   _____

5. Preferisci mangiare la verdura biologica (*organic*)?

   _____

2. Pronomi indiretti

In pratica

A. **Una discussione** (*argument*). Gilda e Adriano, due compagni di casa, stanno litigando (*are quarreling*). Completa il dialogo con i *pronomi indiretti* adatti.

> GILDA: Adriano, finalmente ti trovo! Senti, voglio parlar_____[1] di una cosa.
>
> ADRIANO: Che c'è? _____[2] ho già dato i soldi per l'affitto… E se tu e Manuela avete bisogno
>
> della macchina, _____[3] ho lasciato le chiavi in cucina.
>
> GILDA: Non è questo. Ti ricordi, la settimana scorsa, _____[4] avevo chiesto di pulire il
>
> bagno…
>
> ADRIANO: Non è vero! Non _____[5] hai detto niente.
>
> GILDA: Hai ragione. Non _____[6] ho detto niente, ma _____[7] ho lasciato un biglietto.
>
> ADRIANO: Cosa _____[8] dici! Non ho trovato nessun biglietto.
>
> GILDA: Va bene, forse è andato smarrito (*it was lost*), ma ora _____[9] chiedo di nuovo di
>
> pulire il bagno!
>
> ADRIANO: Ma perché non lo dici a Paolo?
>
> GILDA: Sai benissimo che non _____[10] tocca (toccare a qualcuno: *to be someone's turn*) questa
>
> settimana—tocca a te!
>
> ADRIANO: Ma non vedi come sono impegnato? La professoressa Brunetti _____[11] ha dato tanti
>
> compiti questa settimana. Oggi pomeriggio _____[12] devo consegnare gli appunti di
>
> laboratorio (*lab notes*), domani una relazione (*report*) di tre pagine…

GILDA: So che hai tanto da fare. Ma non _____¹³ puoi fare questo favore? I miei genitori

arrivano domani sera, e voglio che trovino la casa in ordine.

ADRIANO: Va bene, va bene. Stasera non posso, ma lo farò senz'altro domani pomeriggio.

E scusami se _____¹⁴ ho risposto male.

GILDA: Non ti preoccupare, Adriano. E grazie! _____¹⁵ fai un vero piacere.

B. Regali. Quest'anno Giancarlo ha fatto regali di Natale a tutti gli amici. Segui l'esempio e di' che cosa Giancarlo ha regalato a ogni persona.

ESEMPIO: Ha regalato a Roberto un iPod. →
Gli ha regalato un iPod.

1. Ha dato a Mariangela un libro di cucina.

_____

2. Ha regalato al fratello una bici.

_____

3. Ha dato a Marco e Luca le felpe.

_____

4. Ha regalato a Francesca un bel sacchetto di cotone da portare al mercato.

_____

5. Ha regalato a Riccardo un'agenda.

_____

C. Mini-dialoghi. Completa gli scambi con le forme adatte dei *pronomi diretti* e *indiretti*, e con le desinenze (*endings*) adatte dei *participi passati*.

1. —Hai telefonato a Barbara? Cosa _____ hai dett_____?

—Ho cercato di telefonar_____ ma non _____ ho trovat_____ in casa. _____ chiamerò

di nuovo stasera.

2. —Come sta bene il signor Silva! Si vede che _____ hanno fatt_____ bene le due settimane

nelle Hawaii.

—Eh sì, la prossima volta che vado dal dottore _____ chiedo di prescrivere una vacanza

anche per me!

3. —È già passato il compleanno di Pierina? Caspita (*Shoot*), _____ abbiamo dimenticat_____

di nuovo...

—Non ti preoccupare. _____ ho mandat_____ un bel maglione. Ne avrà bisogno quando

va a sciare nelle Alpi.

4. —Senti, Adriana, andiamo a vedere *Gli uccelli* stasera. Tu e Daniele volete accompagnar_____?

—Io vengo volentieri, ma lui no—_____ fanno troppa paura i film di Hitchcock!

5. —Sai, Samuele _____ ha dett_____ che Sara ha lasciato Michele…

—E tu _____ credi? È sempre stato un bugiardo.

6. —Costa molto quella brocca (*pitcher*)? Quanto _____ avete pagat_____?

—Mah, non _____ so. _____ abbiamo ricevut_____ in dono dagli amici di Gubbio.

7. —Chiara e Donata non si parlano più? Chi _____ avrebbe pensat_____? _____ ho

vist_____ insieme un paio di giorni fa.

—Anch'io. Ma tu sai che Chiara è un tipo molto invidioso, e _____ ha dat_____ fastidio il

successo dell'amica. Peccato, no?

3. Passato prossimo e imperfetto (riassunto)

In pratica

A. Una serata d'inverno. Parla Paolo, un ragazzo italiano appena arrivato a Boston. Leggi attentamente quello che dice, poi riscrivi il brano usando le forme adatte del *passato prossimo* e dell'*imperfetto*. Usa un altro foglio.

ESEMPIO: **Era** un sabato pomeriggio di febbraio…

È un sabato pomeriggio di febbraio, grigio e un po' malinconico. **Mi sento** giù: **mi trovo** a Boston da poco, e non **conosco** molta gente. Non mi **piace** il freddo, e **penso** perfino di tornare in Italia. **Sfoglio** il giornale per vedere cosa **c'è** alla TV quando **suona** il telefono. **È** Laura, una mia collega di lavoro. Mi **dice** che **si trova** a Beacon Hill con alcuni amici e **chiede** se **voglio** uscire con loro. **Rispondo** di sì, poi **mi tolgo** la felpa e **mi metto** qualcosa di decente. **Arrivano** poco dopo. **Vogliono** andare al cinema, ma non **sanno** cosa proiettano dalle mie parti. **Cerchiamo** sul giornale. Io **propongo** un film di Woody Allen, e gli altri **sono** d'accordo, ma Laura non **vuole** vederlo. Finalmente **decidiamo**: l'ultimo film di *Indiana Jones*. Insomma, **ci divertiamo** un mondo al cinema, e poi **andiamo** in una pizzeria. **Conosco** un po' gli amici di Laura (una giovane coppia di Cambridge), e li **trovo** molto simpatici; mi **invitano** a cenare da loro domenica. **È** mezzanotte quando **torno** a casa: **mi sento** meglio, meno isolato, anche impaziente di tuffarmi nella nuova vita qui a Boston.

B. L'arrivo all'università. Completa il seguente brano con le forme corrette dell'*imperfetto* e del *passato prossimo*.

Stefania _____[1] (arrivare) all'università in settembre.

L'appartamento che _____[2] (affittare) con una sua amica dal liceo

_____[3] (essere) estremamente piccolo. Mentre le ragazze

_____[4] (cercare) di mettere nell'apartamento tutte le cose che gli

_____[5] (servire), _____[6] (rendersi conto)

che non _____[7] (esserci) abbastanza spazio. Loro

_____[8] (dovere) buttare via la metà delle cose portate. All'inizio Stefania

_____[9] (essere) molto depressa perché le _____[10]

(mancare) la sua famiglia. Quando le lezioni _____[11] (cominciare), lei

_____[12] (conoscere) altri studenti che _____[13]

(sentirsi) come lei. Gli studenti _____[14] (organizzare) frequentemente delle feste e lei ci _____[15] (andare) volentieri. Una volta

_____[16] (conoscere) un bel ragazzo che le _____[17]

(piacere) subito. Loro _____[18] (diventare) buoni amici e da quella volta

_____[19] (uscire) sempre insieme.

4. Partitivo

In pratica

A. Un bel menù. Piero invita degli amici a cena sabato sera e comincia a pensare al menù. Completa le sue frasi con le forme adatte del *partitivo* (**di** + articolo).

Vediamo… come primo mi piacerebbe offrire una bella pappa di pomodori (*Tuscan tomato soup*).

Diamo un'occhiata alla ricetta: ci vogliono _____[1] pomodori, _____[2] cipolle,

_____[3] aglio, _____[4] basilico, _____[5] pane, _____[6] olio di oliva

extravergine, _____[7] brodo, e _____[8] peperoncino (*hot pepper*). Per secondo piatto

andrebbe bene _____[9] pesce alla griglia, e come contorno preparo _____[10] asparagi e

_____[11] carote al vapore (*steamed*). Da bere? _____[12] vino e _____[13] acqua

minerale, e per finire, _____[14] fragole con la panna e un bel caffè.

B. Mini-dialoghi. Completa gli scambi con una forma adatta del *partitivo* (**alcuni/alcune, di** + articolo, **parecchio, qualche, un po' di**) solo se necessario. Se non è necessario, lascia lo spazio vuoto.

1. —Conosci i romanzi di Italo Calvino?

   —No, ma ho letto _____ suo saggio (*essay*).

2. —Molta gente è venuta alla riunione?

   —Eh sì, _____—più di cento persone.

3. —Quanti dischi avete?

   —Non abbiamo _____ dischi; abbiamo solo _____ cassette.

4. —Ragazzi, è rimasto _____ caffè. Lo prendiamo?

   —Va bene, e anche _____ biscotti.

5. —Quanto tempo ci vuole per prendere la laurea in medicina?

   —Ci vuole _____ tempo!

6. —C'è _____ pane?

   —No, non ce n'è, e non abbiamo neanche _____ grissini. Bisogna andare

   al mercato.

5. Espressioni negative

In pratica

A. **Un appartamento da far pietà.** Gianluca è riuscito a trovare un appartamento economico… ma non molto bello. Fa' la parte di Gianluca e rispondi alle domande secondo l'esempio. Usa le espressioni tra parentesi.

ESEMPIO: L'appartamento ha una bella vista? (nessuno) → No, l'appartamento non ha nessuna vista.

1. Ha lo studio e la sala da pranzo? (né… né)

   _____

2. C'è anche un balcone? (neanche)

   _____

3. Cosa c'è da fare da quelle parti? (niente)

   _____

4. Gli amici passano ogni tanto a salutarti, no? (non… mai)

   _____

5. E allora chi abita da quelle parti? (nessuno)

   _____

6. Ma i tuoi colleghi dell'istituto abitano vicino, no? (non… più)

   _____

7. Il padrone di casa ha già rifatto i pavimenti? (non… ancora)

   _____

8. Insomma, che c'è di bello in quell'appartamento? (niente)

B. **Il principio della fine (o quasi).** Le cose cominciano male oggi. Leggi attentamente il brano, poi completalo con le *espressioni negative* adatte.

È stata una mattinata un po' deprimente. Prima di tutto, _____[1] ho dormito bene

ieri sera. Mi sono alzato alle sette, sono andato in cucina, e _____ ho trovato

_____[2] da mangiare o da bere—_____[3] un po' di caffè. La mia

compagna di casa aveva dimenticato di portare dentro il giornale—è un tipo molto distratto,

_____ se lo ricorda _____[4]—e così l'ho trovato tutto bagnato dalla

pioggia. Con difficoltà ho letto che _____ avevano _____[5] risolto lo

sciopero dei treni. Ho telefonato a un vicino di casa per chiedere un passaggio; mi ha risposto che

_____ aveva _____[6] la macchina, che l'ha venduta pochi giorni

prima. Porca miseria! Ho cercato di chiamare una mia collega di lavoro, ma _____ ho trovato _____⁷ in casa. A quel punto ero sicuro di arrivare in ritardo al lavoro. Poi

ho guardato nel portafoglio—_____,⁸ _____⁹ un soldo! Era necessario

passare anche in banca. Pazienza! Speriamo che le cose mi vadano un po' meglio domani!

C. **Domande personali.** Rispondi alle domande secondo le tue opinioni ed esperienze personali.

    ESEMPIO: I compagni di camera ti aiutano molto con le faccende di casa? →

         No, non mi aiutano mai con le faccende di casa! / Sì, mi aiutano qualche volta, soprattutto quando i loro genitori ci fanno visita!

1. Frequenti ancora gli amici del liceo? Perché sì o perché no?

    _____

2. Pensi già ai corsi da seguire il semestre prossimo? Quali sono?

    _____

3. Quanti CD di musica rap hai? E di musica classica?

    _____

4. Vai mai all'opera, o ai concerti di musica da camera (*chamber music*)?

    _____

5. Hai qualche vestito di Gianni Versace o Giorgio Armani? Qual è il look di moda adesso?

    _____

6. *Conoscere* e *sapere*

In pratica

Informazioni. Fabio, uno studente italiano appena arrivato in questa città, ha bisogno di orientarsi un po'. Completa le sue domande con le forme adatte di **conoscere** e **sapere.** Poi rispondi alle domande secondo le tue opinioni personali, aggiungendo dei particolari.

    ESEMPIO: —Conosci dei locali simpatici vicino al campus? Quali?

         —No, non conosco dei locali, ma conosco due o tre bei caffè in via Durant. Al *Caffè Milano* fanno un ottimo cappuccino, e hanno panini e insalate che non costano troppo.

1. —_____ dove si va per far riparare il computer?

    —_____

2. —_____ un buon meccanico? Chi è, e dov'è la sua officina?

    —_____

3. —_____ un ristorante molto elegante dove posso andare con i genitori?

    —_____

4. —_____ giocare a tennis? _____ dove bisogna andare per

    prenotare un campo (*court*)?

    —_____

5. —_____ press'a poco (*roughly*) quanto costa far mettere il telefono?

—_____

6. —_____ un bravo parrucchiere o una brava parrucchiera? _____

dirmi dov'è il suo salone?

—_____

Precisiamo!

TO TASTE; TASTE (*n.*)

- **il gusto** *taste* (*in most senses*)

È una persona di buon gusto.	*She's a person of good taste.*
È bello, ma non è di mìo gusto.	*It's nice, but it's not to my taste.*
Quanti gusti di gelato!	*Look at all those ice cream flavors!*

- **avere il gusto di qualcosa** *to taste of something*

Questo sugo ha troppo il gusto dell'aglio.	*This sauce tastes too strongly of garlic.*

- **mangiare (ridere) di gusto** *to eat (laugh) heartily*

È un piacere guardarlo; mangia sempre di gusto!	*It's a pleasure to watch him; he always eats with enthusiasm!*

- **il sapore** *taste* (*flavor*)

Mmm, che buon sapore!	*Mmm, what a good flavor!*
I figli? Una fatica, sì, ma danno sapore alla vita!	*Kids? Tiring, yes, but they add spice to life!*

- **saporito** *tasty*

Da Virginia c'è sempre qualcosa di saporito!	*At Virginia's house there's always something tasty!*

- **assaggiare** *to taste (to try a food);* **l'assaggio** *taste*

La torta? L'ho solo assaggiata.	*The cake? I only took a taste.*

- **degustare** *to taste (free samples, usually);* **la degustazione** *tasting*

Andiamo in quella cantina dove dice «Degustazione vini».	*Let's go to that wine cellar where it says "Wine tasting."*

TO HUNT

- **andare a caccia** *to go hunting*

La mia nonna è animalista, ma il mio nonno va sempre a caccia!	*My grandmother is an animal lover, but my grandfather still goes hunting!*

- **essere (o andare) a caccia di guadagni** (di un lavoro, di guai) *to be out for profit (a job, trouble)*

Mi fido poco di lui; è sempre a caccia di guadagni.	*I don't really trust him; he's always out for a profit.*

A. **Come si dice?** Leggi attentamente le frasi, poi completale con le forme adatte delle espressioni elencate sopra. In alcuni casi, è possibile più di una risposta giusta.

1. È stato uno scherzo di cattivo _____.

2. Mio zio, dopo aver visto un film distribuito dalla PETA,* non va più a

   _____.

3. Quel signore beve un po' troppo; va in Italia e non fa altro che _____

   vini e aperitivi.

4. Quale _____ preferisci, limone o cioccolato?

5. I bambini hanno deciso di interpretare «Romeo e Giulietta»; è stato delizioso, e abbiamo tutti

   riso _____.

6. Non ci vuole sale qui; secondo me questo piatto è molto _____.

7. Questo caffè ha un _____ troppo amaro per me.

8. Quanti formaggi! Mi piacerebbe _____li tutti.

9. Faresti meglio a star tranquillo e a non _____

   di guai; non vale la pena arrabbiarsi per niente.

10. Mi piacciono molto quei biscotti; _____ davvero

    _____ di mandorle (*almonds*).

B. **Ora tocca a te!** Adopera ognuna delle espressioni elencate qui sopra in una tua frase originale. Usa un altro foglio.

Autovalutazione

A. **Pronomi di complemento oggetto diretto e indiretto.** Completa i mini dialoghi con la forma corretta del *pronome* mancante.

1.   ALEX: Come mai _____ piacciono tanto i dolci?

       LELE: Perché da bambino mia madre _____ faceva buonissimi, faceva dolci di

                    tutti i tipi.

       ALEX: Che donna incredibile tua madre, quando _____ vedo mi sembra

                    impossibile che sia così in gamba alla sua età.

2.   ALEX: Come vanno le cose con Carla, la tua capufficio?

       LELE: Adesso quando _____ vedo non _____ parlo perché lei mi offende

                    sempre. Dice che arrivo sempre in ritardo.

       ALEX: Ha ragione lei, non _____ vede mai prima delle dieci e vuoi avere ragione?

3.   LELE: Buon giorno. _____ può dare quella borsa che ha in vetrina?

     PAPÀ DI BO: Mi scusi, ma io _____ conosco. Lei è l'amico di Bo.

       LELE: Sì, io _____ ho vista qualche volta con Bo al pub.

---

*People for the Ethical Treatment of Animals.

B. Passato prossimo e imperfetto. Completa il seguente brano con la forma corretta del verbo.

Lele _____[1] (entrare) nel negozio poco prima della chiusura

ma _____[2] (esserci) ancora molta gente. Il papà di Bo

_____[3] (notare) subito Lele e l' _____[4]

(salutare) con molta cordialità anche se non lo _____[5] (conoscere).

Il padre _____[6] (sapere) che Bo e Lele _____[7]

(andare) molto d'accordo. Il padre _____[8] (chiedere) se Lele

_____[9] (avere) bisogno di qualcosa e Lele _____[10]

(rispondere) che lui _____[11] (volere) qualcosa di poco costoso ma

qualcosa di qualità. «Sempre così, voi italiani» _____[12] (dire) il papà di

Bo, «Cercate cose buone ma che costino poco.»

C. Partitivo. Sostituisci il *partitivo* di ogni frase con una forma alternativa.

> ESEMPIO: Lele vuole mettere dei soldi nel nuovo portafoglio. → Lele vuole mettere un po' di
> soldi nel nuovo portafoglio.

1. Voglio comprare dei fiori per il compleanno di Susanna.
2. Bo e Wang portano qualche piatto cinese alla festa di Lele.
3. Luisa ha comprato un po' di origano da mettere sulla pizza.
4. Nel risotto bisogna soffriggere alcuni pezzetti di cipolla.
5. Quel ristorante ha delle bottiglie di vino molto pregiate.

APRITE LE ORECCHIE! 🎧

Lessico ed espressioni comunicative

Vocabolario attivo

A. Da scegliere. Ascolta le seguenti definizioni e poi scegli la parola che corrisponde alla definizione.
Non tutte le parole vengono usate. Sentirai le risposte giuste alla fine dell'esercizio.

1. _____
2. _____
3. _____
4. _____
5. _____

   a. sconticino
   b. svendita
   c. affare
   d. negozio
   e. centro commerciale
   f. retrobottega
   g. finestra
   h. vetrina

B. Contrari. Ascolta le seguenti definizioni e scrivi un verbo del **Lessico ed espressioni comunicative**
che è sinonimo. Sentirai le risposte giuste alla fine dell'esercizio.

1. _____

2. _____

3. _____

4. _____

C. **Collegamenti.** Sentirai degli *aggettivi* tratti dal **Lessico ed espressioni comunicative** di questo capitolo. Scrivi l'aggettivo accanto alla parola o alla frase più adatta fra le seguenti. Sentirai le risposte giuste alla fine dell'esercizio.

1. a prezzo ridotto: _____

2. qualcosa che contiene: _____

3. qualcuno che spreca: _____

Strutture

1. Pronomi diretti

Un girandolone (*gadabout*). Cos'ha fatto Goffredo questo fine settimana? Rispondi usando i *pronomi diretti*. Fa' accordare il participio passato solo se è obbligatorio. Dopo una breve pausa sentirai la risposta giusta.

> ESEMPI: Ha portato Laura al cinema. → L'ha portata al cinema.
>
> Ha invitato Gianni e me a casa sua. → Ci ha invitato a casa sua.

1. ... 2. ... 3. ... 4. ... 5. ...

2. Pronomi indiretti

Tutto fatto. Alex chiede a Lele se ha fatto le seguenti cose. Fa' la parte di Lele e rispondi affermativamente usando i *pronomi indiretti*. Dopo una breve pausa sentirai la risposta giusta.

> ESEMPIO: Hai telefonato all'idraulico? → Sì, gli ho telefonato.

1. ... 2. ... 3. ... 4. ... 5. ...

3. Passato prossimo e imperfetto (riassunto)

A. **Quattro chiacchiere.** Conversazioni di tutti i giorni. Ascolta attentamente, poi completa gli scambi scegliendo tra le espressioni elencate. Sentirai le risposte giuste alla fine dell'esercizio.

> ESEMPIO: —Come sono simpatici i vostri amici!
>
> —Non sono carini? →
>
> a. Li conoscevo a Verona.
>
> (b.) Li ho conosciuti a Verona.

1. a. Non lo sapevo.
   b. Non l'ho saputo.

2. a. non poteva
   b. non ha potuto

3. a. Rimanevano proprio commossi (*moved*).
   b. Sono rimasti proprio commossi.

4. a. non volevano
   b. non hanno voluto

5. a. non le conoscevo
   b. non le ho conosciute

6. a. le dovevamo consegnare lunedì
   b. le abbiamo dovute consegnare lunedì

B. Un abitudinario. Lamberto era sempre una vittima delle sue abitudini e diceva di non poter cambiare, ma ha deciso di colpo di diventare un altro. Di' quello che ha fatto oggi e quello che faceva di solito. Usa le espressioni indicate. Dopo una breve pausa sentirai la risposta giusta.

> ESEMPIO: Oggi ha mangiato a casa. (mangiare al fast-food) → Ma di solito mangiava al fast-food.

1. mettersi il vestito (i jeans)
2. prendere l'autobus (andare in macchina)
3. guardare la TV a casa (uscire ogni sera con gli amici)
4. bere succo di frutta (la birra)
5. lavare i piatti (utilizzare la lavastoviglie)

4. Partitivo

Al mercato. Pamela fa una lista delle cose che deve comprare oggi. Aiutala a completare la lista, scegliendo il *partitivo* adatto. Dopo una breve pausa sentirai la risposta giusta.

> ESEMPIO: spinaci (alcuni / degli) → degli spinaci

1. della / qualche
2. qualche / un po' di
3. alcune / qualche
4. un po' di / delle
5. della / qualche
6. un po' di / alcuni
7. qualche / delle
8. un po' di / alcuni

5. Espressioni negative

A. Uno sfortunato. Fa' la parte di Lele. Rispondi alle domande che senti usando le espressioni indicate. Dopo una breve pausa sentirai la risposta giusta.

> ESEMPIO: Hai molti amici? (nessuno) → No, non ho nessun amico.

1. non... più
2. non... mai
3. nessuno
4. niente
5. né... né
6. non... affatto

B. Mini-dialoghi. Ascolta attentamente la prima parte di uno scambio, poi tre risposte. Indica la lettera della risposta più logica. Sentirai le risposte giuste alla fine dell'esercizio.

> ESEMPIO: —Ti dispiace curare il mio gatto per un paio di giorni? →
>
> a. —Mi dispiace, ma non posso; è dal meccanico.
> b. —Non mi dà affatto fastidio. Quando me lo porti?
> (c.) —Non ho niente da fare. Ti accompagno volentieri!

1. a b c   3. a b c
2. a b c   4. a b c

6. *Conoscere* e *sapere*

A. Informazioni. Oggi aiuta Ilaria, una nuova arrivata, a sistemarsi. Fa' le domande usando le espressioni che senti e la forma adatta di **conoscere** o **sapere**. Dopo una breve pausa sentirai la domanda giusta.

> ESEMPI: dov'è la mensa → Sai dov'è la mensa?
>
> il professor Zotti → Conosci il professor Zotti?

1. ...   2. ...   3. ...   4. ...   5. ...

B. **Da rispondere.** Ascolta attentamente i brevi scambi, poi rispondi alle domande che senti scegliendo tra le risposte elencate. Sentirai le risposte giuste alla fine dell'esercizio.

> ESEMPIO: GIORGIO: Franca, scusa, dov'è lo stadio?
>
> FRANCA: Non lo so, Giorgio, ma mi informo e te lo faccio sapere appena possibile.
>
> Cosa sa Franca?
>
> a. dov'è lo stadio
>
> (b.) che Giorgio ha bisogno di informazioni
>
> c. a che ora è la partita

1. a. i signori Perella
   b. la signora Perella
   c. il signor Perella

2. a. Silvia
   b. il fratello di Silvia
   c. Mario

3. a. l'argomento specifico della conferenza
   b. l'argomento generale della conferenza
   c. l'ora della conferenza

Ascoltiamo!

Una recensione. Ascolta la recensione di un ristorante a Sasso Marconi, vicino a Bologna e poi di' se le affermazioni sono vere o false. Sentirai le risposte giuste alla fine dell'esercizio.

Vero o falso?

1.	Il ristorante è molto vicino a Bologna.	V	F
2.	Massimo e Aurora hanno comprato il ristorante con l'aiuto dei genitori.	V	F
3.	Nel ristorante servono solo pesce.	V	F
4.	La mamma è siciliana.	V	F
5.	Il menù è basato sulla tradizione siciliana.	V	F
6.	I dolci sono particolarmente buoni.	V	F

Capitolo 5 Gli italiani e il tempo libero

PRENDETE PENNA E CALAMAIO!

Lessico ed espressioni comunicative

Vocabolario attivo

A. Da identificare. Da' la tua definizione delle seguenti parole.

1. il bigliettario _____

2. il caffè ristretto _____

3. il capotreno _____

4. il rasoio _____

5. lo spilorcio _____

6. la calza, la maglietta, le mutande _____

B. Parole simili. Scrivi delle parole ed espressioni simili a quelle che seguono.

1. un secondo treno subito dopo il primo per completare un viaggio _____

2. essere rovinato _____

3. le provviste _____

4. arrivare in ritardo _____

5. vecchio _____

6. alquanto _____

C. Da scrivere. Scrivi delle frasi usando le seguenti parole ed espressioni:

la carrozza, lo spazzolino, la tavoletta di cioccolata, mica

1. _____

2. _____

3. _____

4. _____

Strutture

1. Imperativo

In pratica

A. La vita di una maestra. La signora de Curtis insegna in una scuola elementare. Cosa dice ai suoi allievi? Scrivi le frasi secondo l'esempio.

> ESEMPIO: stare tranquillo / Nino → Nino, sta' tranquillo! E anche voi state tranquilli!

1. fare presto / Pierino

   _____

2. non parlare / Annuccia

   _____

3. finire il compito / Luca

   _____

4. andare alla lavagna / Daniela

   _____

5. prendere il gesso e scrivere / Marco

   _____

6. non tirare fuori (*stick out*) la lingua / Pasquale

   _____

7. sedersi subito / Nina

   _____

8. ascoltarmi / Tommaso

   _____

B. Mini-dialoghi. Completa le frasi mettendo i verbi indicati all'*imperativo*. Usa anche i pronomi, se necessario.

1. —Gianpaolo, per l'ultima volta, i soldi non te li presto. Non _____

   (insistere)!

   —Dai, _____ (farmi) questo favore!

   Non _____ (essere) cattiva con me!

2. —Signori, prego, _____ (accomodarsi).

   —Grazie. E per favore, signorina _____ (portarci) subito due whisky

   con ghiaccio.

3. —Che belle pesche! Che ne dici, mamma, ne prendiamo?

   —Sì, _____ (comprarne) due chili, così facciamo la marmellata.

4. —Queste lettere sono per la dottoressa Barsanti?

    —Sì, Piera, _____ (dargliele) subito; lei sta aspettando.

5. —Gilda, parto adesso. Non _____ (dimenticare) di scrivere!

    —Va bene, Michele. _____ (starmi) bene, e buon viaggio!

6. —Fulmine, giù! Vedi, ora mi hai sporcato. _____ (andarsene)!

    —Quel povero cane avrà bisogno di uscire. _____ (portare) fuori

    invece di gridare!

7. —(Noi) _____ (andare) alla fiera oggi pomeriggio.

    —No, _____ (uscire) adesso. Il pomeriggio è sempre affollatissima.

8. —Signorina, _____ (dirmi).

    —Per favore, _____ (farmi) vedere gli orecchini che ci sono in vetrina.

2. Pronomi doppi

In pratica

A. **Un amico servizievole** (*helpful*). Filippo fa sempre dei piccoli favori agli amici. Di' quello che ha fatto usando i *pronomi doppi*. Segui l'esempio.

    ESEMPIO: Mi ha prestato la macchina. → Me l'ha prestata.

1. Ha offerto la cena a Cinzia e Remo.

    _____

2. Mi ha dato gli appunti di fisica.

    _____

3. Ha regalato a Laura la brocca (*pitcher*) di maiolica.

    _____

4. Ha portato i cioccolatini ai signori Silvestri.

    _____

5. Ci ha aperto la porta.

    _____

6. Ti ha prestato i soldi per la nuova bici.

    _____

7. Ha spiegato a Roberto come usare il computer.

    _____

8. Mi ha spedito le foto della festa.

    _____

B. Mini-dialoghi. Completa gli scambi con le forme adatte dei seguenti verbi.

andarsene, cavarsela, godersela, intendersene, passarsela, prendersela, sbrigarsela

1. —Senti, Franco, mi puoi dare una mano a riparare l'auto?

   —Mi dispiace, ma io di auto non _____ affatto!

2. —Simona, fa' presto! Gli ospiti stanno per arrivare.

   —Va bene, non ti preoccupare; _____ subito.

3. —Laura, com'è finita la commedia ieri sera?

   —Non lo so. Lamberto si è sentito male e così (noi) _____

   dopo l'intervallo.

4. —Tu e Ilaria non vi parlate più? Ma perché?

   —Mah, lei _____ quando sono uscita con il suo

   ex-fidanzato.

5. —I Rossi hanno una BMV, una Mercedes e la casa al mare?

   —Sì, _____ bene quelli lì.

6. —Ragazzi, com'è andata la cena con gli amici? _____

   abbastanza bene?

   —Sì, perché abbiamo ordinato la pizza!

7. —Mi hanno detto che Stefano passa tutto il giorno al bar a chiacchierare. È possibile?

   —È sempre stato così—lui _____ mentre la moglie

   lavora tutti i giorni. Bella vita, no?

C. Domande personali. Rispondi alle domande secondo le tue esperienze ed opinioni personali. Usa i *pronomi doppi* nelle tue risposte. Aggiungi dei particolari.

ESEMPIO: I genitori ti pagano tutte le spese? →
   Sì, me le pagano, e così posso pensare agli studi invece di lavorare. / No, non me le pagano tutte; ho tre sorelle e devono pensare anche a loro.

1. Dici sempre la verità ai genitori? Perché o perché no?

   _____

   _____

2. Ti metti mai i guanti e la giacca per venire all'università?

   _____

   _____

3. Sei uno/una che se la prende facilmente? In quali situazioni?

   _____

   _____

(continued)

4. Quali sono due o tre cose di cui ti intendi molto bene?

_____

_____

5. Presti volentieri i soldi agli amici?

_____

3. *Ci* e *ne*

In pratica

A. **Una bella serata.** Stefano è uscito ieri sera con Fiorella, una ragazza che gli piace molto. Leggi attentamente quello che è successo, poi sostituisci **ci** o **ne** alle espressioni indicate. Fa' tutti i cambiamenti necessari.

ESEMPI: Stefano ha parlato *dei suoi programmi* con il compagno di camera. →
Stefano ne ha parlato con il compagno di camera.

È arrivato *a casa di Fiorella* verso le sette. → Ci è arrivato verso le sette.

1. Le ha portato *dei fiori*.

_____

2. Sono andati *in centro* in metropolitana.

_____

3. Hanno mangiato *in una nuova trattoria molto carina: Da Beppone*.

_____

4. Hanno parlato molto *del loro lavoro*.

_____

5. Dopo hanno visto alcuni *film di giovani registi italiani*.

_____

6. Fiorella ha chiesto a Stefano se aveva voglia *di uscire di nuovo tra un paio di giorni,* e lui ha risposto di sì.

_____

7. Stefano è molto contento, perché è riuscito *a fare una buona impressione su Fiorella*.

_____

8. Oggi al lavoro ha pensato continuamente *al prossimo appuntamento*. Che sia (*Could he be*) già un po' innamorato?

_____

B. Mini-dialoghi. Completa gli scambi con le forme adatte dei seguenti verbi: **avercela, entrarci, farcela, metterci, tenerci, volerci.**

1. —Siamo andati al recital di Patrizia e siamo rimasti proprio colpiti. Com'è diventata brava?

   —Mah, come al solito, _____ molti anni di studi e di sacrifici.

2. —Cecilia, sembri proprio giù oggi. Non ti scoraggiare tanto se un solo esame ti è andato male.

   —Grazie, sei molto gentile, ma sai che io _____ tanto a fare bella figura.

3. —Sai, Roberto ha detto che tu e Massimo dovreste (*should*)…

   —Ma che _____ lui? Non sono affari suoi.

4. —Lara e Giovanni hanno cambiato argomento (*the subject*) quando si è fatto il tuo nome.

   —Purtroppo, quei due _____ con me da quando ho avuto io la

   promozione. Peccato, non dovrebbero essere così meschini (*petty*).

5. —Simonetta ha finito la tesi?

   —Sì, _____, e sono proprio contento per lei.

6. —Ho visto l'appartamento dei Pirrotta —proprio splendido. È stato molto difficile ristrutturarlo?

   —Eh sì, (loro) _____ più di un anno.

4. *Buono, bello, grande* e *Santo*

In pratica

A. Dialoghi-lampo 1. Completa gli scambi con le forme corrette di **buono** e **bello.**

1. —Che _____ vestito che hai!

   —Grazie, l'ho appena comprato. Volevo anche comprare una _____ borsa

   marrone, ma costava troppo.

2. —Claudio è veramente un _____ amico. Mi telefona ogni domenica sera.

   —È quello sposato con Chiara? Hanno un _____ matrimonio, vero?

3. —Cerco una _____ ricetta per la torta di mele. Ne hai per caso una?

   —Mi dispiace, non faccio mai le torte. La vuoi fare per una _____ occasione a

   casa tua?

4. —Ivano è un _____ padre, passa molto tempo con i suoi figli.

   —Hai visto che _____ piscina che ha costruito per loro?

B. Dialoghi-lampo 2. Completa gli scambi con le forme corrette di **grande** e **Santo.**

1. —Quando è l'onomastico di tuo padre?

   —Il 19 marzo, proprio il giorno della festa di _____ Giuseppe.

2. —Che _____ casa moderna! Perché non l'avete comprata?

   —Era troppo _____ per noi. Siamo in tre in famiglia.

3. —Molti _____ artisti del Rinascimento hanno vissuto a Firenze.

   —Lo so, ho studiato i loro capolavori in uno dei miei corsi. Sai chi è il santo protettore di

   Firenze?

   —È _____ Giovanni Battista.

4. —La festa di _____ Antonio, il protettore di Padova, è il tredici giugno.

   —E quella di _____ Stefano è il 26 dicembre. Vedi, anch'io mi ricordo di

   certe date.

Precisiamo!

VISITS
• **visitare** *to visit* (*sites, usually*)
Speriamo di visitare Palermo.   *We hope to visit Palermo.*
• **la visita** *a visit* (*in general*)
La quota comprende la visita alle catacombe.   *The price includes a visit to the catacombs.*
La tua visita ci ha fatto tanto piacere.   *We really enjoyed your visit.*
• **fare visita a (qualcuno)** *to visit* (*someone*)
Mi ha fatto visita l'anno scorso, a giugno.   *He visited me last year, in June.*
• **andare / venire a trovare** *to go / come visit* (*someone*)
Sabato andiamo a trovare Bianca.   *Saturday we're visiting Bianca.*
• **andare da (qualcuno)** *to go to someone's house*
Se andate da Paolo, ditegli di telefonarmi.   *If you go to Paolo's, tell him to call me.*
• **passare da (qualcuno)** *to drop by someone's house*
Passiamo dai Castiglione stasera?   *Should we drop by the Castigliones' tonight?*

A. **Tante visite.** Completa le frasi con le espressioni adatte.

1. Se ti senti solo, perché non vai a _____ un amico?

2. Quale città preferisci _____ prima, Vicenza o Treviso?

3. Domani è in programma una _____ ai Musei Vaticani.

4. Ragazzi, _____ a trovarci! Ci farete piacere (*We'll be delighted*)!

5. Non _____ dai Silva domani; ci andiamo venerdì sera.

6. Purtroppo, non abbiamo avuto il tempo di _____ il Museo Etrusco.

7. Se vi capita di (*you happen to*) venire in centro, _____ da noi—non fate

   complimenti (*don't hesitate*)!

B. Ora tocca a voi! Adopera ognuna delle espressioni elencate a pagina 81 in una tua frase originale. Usa un altro foglio.

Autovalutazione

A. Imperativo. Da' degli ordini in base alla situazione data. Segui l'esempio.

ESEMPIO: Marcello non studia abbastanza la chimica.

Marcello, _____ (studiare) di più! →

Marcello, studia**la** di più!

1. Lele è seduto dove non deve stare.

   Lele, _____ (alzarsi) subito!

2. Alex ha dimenticato di comprare il biglietto.

   Alex, _____ (comprare) oggi.

3. Il treno arriva a destinazione.

   Alex, _____ (scendere)!

4. Alex vuole scendere alla stazione sbagliata.

   Alex, _____ (non scendere) qui!

5. L'anziano signore chiede a Lele di vedere il biglietto.

   Lei, mi _____ (fare) vedere il biglietto, per favore!

B. Pronomi doppi. Rispondi alle domande usando i *pronomi doppi* adatti.

1. Chi ti ha prestato i soldi per le vacanze? (La mia amica) _____

   _____

2. Chi spiega le regole grammaticali agli studenti? (la maestra) _____

   _____

3. Hai regalato quegli orecchini a tua sorella? (io) _____

4. Porti dei regali ai tuoi genitori? (io) _____

5. Quando hai spedito la cartolina a Alex? (ieri) _____

C. *Ci* e *ne*. Rispondi alle seguente domande usando i pronomi **ci** o **ne**.

1. Sei già stato a mangiare alla nuova trattoria toscana che hanno aperto in centro?

   _____

2. Quanti cucchiai di zucchero diceva di mettere quella ricetta nella torta di mele? (cinque)

   _____

3. Hai già parlato a tua madre dell'intenzione di passare un anno in Italia?

   _____

(continued)

4. Vai spesso <u>in treno</u>?

_____

5. Quanti <u>corsi</u> segui questo semestre? (quattro)

_____

APRITE LE ORECCHIE! 🎧

Lessico ed espressioni comunicative

Vocabolario attivo

A. In treno. Sentirai delle definizioni che si riferiscono al viaggiare in treno. Scegli la parola tra quelle date che corrisponde a quello che hai sentito. Alcune parole non vengono usate. Sentirai le risposte giuste alla fine dell'esercizio.

1. _____
2. _____
3. _____
4. _____

a. poliziotto
b. carrozza
c. locomotore
d. bigliettario
e. capotreno
f. stazione
g. coincidenza

B. Un viaggio a Capri. Che cosa mette Francesco nella valigia prima di partire per Capri? Ascolta quello che dice Francesco e poi di' se ogni oggetto è stato messo nella valigia o no. Sentirai le risposte giuste alla fine dell'esercizio.

1. il rasoio   sì   no
2. le magliette   sì   no
3. lo spazzolino   sì   no
4. le mutande   sì   no
5. le calze   sì   no

Strutture

1. Imperativo

A. Un ospite generoso. Samuele dà una festa; invita gli amici a bere, mangiare e divertirsi. Fa' la sua parte e usa le espressioni indicate. Dopo una breve pausa sentirai la risposta giusta.

ESEMPIO: (mangiare / Tommaso) → Ragazzi, mangiate! E anche tu, Tommaso, mangia!

1. favorire (*help yourself*) / Mara
2. non fare complimenti / Roberto
3. prendere un po' di vino / Chiara
4. ballare pure / Lamberto
5. non disturbarsi / Angela
6. sedersi / Mauro

B. Una professoressa autoritaria. La professoressa Lunari insegna l'italiano; è una vera pignola. Fa' la sua parte e da' ordini usando le espressioni indicate. Dopo una breve pausa sentirai la risposta giusta.

ESEMPIO: (signorina / andare alla lavagna) → Signorina, vada alla lavagna! Ci vada!

1. signore / dirmi la risposta
2. signori / chiudere i libri
3. signorina / farmi vedere l'esame
4. signori / darmi gli esami
5. signore / aspettarmi in ufficio
6. signorina / ripetere i verbi

2. Pronomi doppi

A. Un'amica generosa. Simona è tornata da un viaggio in Italia con un sacco di regali per gli amici. Ascolta quello che dicono, poi ripeti le frasi usando i *pronomi doppi*. Dopo una breve pausa sentirai la risposta giusta.

> ESEMPI: Mi ha portato l'agenda di cuoio. → Me l'ha portata.
>
> Ha dato a Davide i gemelli (*cufflinks*). → Glieli ha dati.

1. Ci ha dato i bicchieri di Murano.
2. Ha dato loro il libro su Botticelli.
3. Ha regalato a Laura la borsetta.
4. Vi ha regalato la carta da lettera.
5. Ti ha portato gli orecchini d'oro.
6. Ha portato a Paolo il portafoglio.

B. Cosa fanno? È un giovedì sera a casa di questi ragazzi. Cosa fanno? Usa le espressioni elencate. Dopo una breve pausa sentirai la risposta giusta.

> ESEMPIO: Alberto → Si pulisce i denti; se li pulisce.

Espressioni: lavarsi la faccia   mettersi la felpa   sporcarsi la camicia
             levarsi gli stivali   pulirsi i denti   togliersi il piumino (*down jacket*)
             mangiarsi le unghie

1. …   2. …   3. …   4. …   5. …   6. …

C. Che succede qui? Frammenti di conversazione. Sentirai due volte una battuta. Ascoltala attentamente, poi scegli la risposta giusta alla domanda che senti. Sentirai le risposte giuste alla fine dell'esercizio.

> ESEMPIO: Ciao, Franca! Ciao, Davide! A presto!
>
> Cosa fa questa ragazza? →
>
> a. Se la cava.
> (b.) Se ne va.

1. a. Se la godono.
   b. Se la cavano.

4. a. Se la prende con Marco.
   b. Marco e lei se la passano bene.

2. a. «Me la passo piuttosto male».
   b. «Me ne intendo di economia».

5. a. Si sbriga.
   b. Se la gode.

3. a. Se ne è andato.
   b. Se l'è cavata.

6. a. «Te la prendi con me?»
   b. «Te la passi meglio?»

3. *Ci* e *ne*

A. Dimmi quanto. I signori de Sanctis invitano gli amici a pranzo domenica; controllano le quantità dei cibi. Fa' la parte della signora de Sanctis e rispondi alle domande usando l'informazione indicata. Dopo una breve pausa sentirai la risposta giusta.

ESEMPIO: Quanta mortadella hai comprato? (tre etti*) → Ne ho comprata tre etti.

1. 24
2. mezzo chilo
3. due chili
4. 2
5. un chilo

B. Un bisticcio. Adriana e Giorgio parlano di un progetto quasi andato a monte (*fallen through*). Ascolta attentamente la breve conversazione, più volte se necessario. Poi ferma il nastro e completa le frasi con le forme adatte di **avercela con, entrarci, farcela, metterci, tenerci** e **volerci**. Le risposte si trovano alla fine del *Manuale di esercizi*.

1. Evidentemente, Adriana _____ Paola.

2. Adriana _____ vari mesi a creare questo progetto.

3. Per Adriana, quello che dice Daniele non _____.

4. Giorgio chiede se Adriana _____ a completare il progetto da sola.

5. Lei risponde che _____ solo due o tre mesi per portarlo a termine.

6. Adriana dice che _____ molto a questo progetto.

C. Domande personali. Rispondi alle domande secondo le tue esperienze ed opinioni personali. Usa il **ci** o il **ne** (secondo il caso) nelle tue risposte. Dopo una breve pausa sentirai una possibile risposta.

ESEMPI: Riesci a vedere qualche programma italiano? → Sì, ci riesco qualche volta. *o* No, non ci riesco.

Conosci dei conduttori italiani? → Sì, ne conosco. *o* No, non ne conosco.

1. …   2. …   3. …   4. …   5. …

4. *Buono, bello, grande* e *Santo*

Come sono belli! Oggi guardi nelle vetrine dei negozi più eleganti di Roma. Ammira tutto quello che vedi secondo l'esempio. Dopo una breve pausa sentirai la risposta giusta.

ESEMPIO: cravatte → Che belle cravatte!

1. …   2. …   3. …   4. …   5. …   6. …

_____
*Un etto è una misura di peso equivalente a 100 grammi.

Ascoltiamo!

Un viaggio in treno. Ascolta attentamente il breve brano e riempi le parti mancanti con le parole corrette. Sentirai le risposte giuste alla fine dell'esercizio.

Viaggiare in treno in Italia durante il periodo delle _____[1] può essere

veramente difficile. Nonostante ormai molti preferiscano usare l'auto, ci sono ancora molti che si

_____[2] usando il treno. In generale prima della metà di agosto sono

_____[3] tutti i treni che vanno verso Sud o verso le località di mare. La

cosa migliore da fare è _____[4] con qualche giorno di anticipo per essere

sicuri di avere un posto. Su alcuni treni non si può proprio _____[5] se

non si ha la prenotazione. Una volta seduti però non ci si deve preoccupare più di niente, né del

traffico, né del tempo. Niente o quasi. C'è sempre qualcuno che _____[6]

al posto sbagliato e allora dovete avere pazienza e invitare questa persona a

_____[7] il posto che non è suo.

Capitolo 6   L'ambiente

PRENDETE PENNA E CALAMAIO!

Lessico ed espressioni comunicative

Vocabolario attivo

Quattro chiacchiere. Completa il seguente dialogo dopo aver consultato il **Lessico ed espressioni comunicative.**

ALEX: Com'è la costa amalfitana? Non ci sono mai stato.

LELE: È _____[1] e _____,[2] veramente

bellissima.

ALEX: Dove si trova il nostro albergo, lo sai?

LELE: Sì, ti ho già detto, è sistemato _____[3] sul mare.

ALEX: Quanto ci costerà? Io non ho molti soldi.

LELE: Giudicando dalla splendida veduta del mare che offre costerà

_____.[4]

ALEX: _____![5] Non possiamo andarci. Non

_____[6] spendere tanto per una bella vista panoramica.

LELE: Non essere così _____![7] Rilassati e usa una santa volta

_____[8] per chiamare l'albergo. Sapremo subito se hanno delle

camere libere o sono tutte già _____.[9]

ALEX: Non _____[10] mentre telefono! Voglio che tu senta il prezzo della

camera e non mi dici dopo che sono tirchio (*stingy*) e non voglio pagare.

LELE: Sbrigati, _____[11] perché ho fame e voglio mangiare

_____[12] e assaggiare almeno _____[13]

dello Sciacchetrà senza che tu mi dica che costi troppo.

Strutture

1. Futuro semplice

In pratica

A. **I buoni propositi.** Gianpaolo parla di quello che vuole fare quest'estate. Metti il paragrafo al *futuro*. Usa un altro foglio.

> ESEMPIO: Quest'estate *avrò* bisogno di portare a termine...

Quest'estate **ho** bisogno di portare a termine (*complete*) vari progetti. **Mi dedico** sul serio agli studi: **mi alzo** presto, e **ripasso** tutte le materie del corso di fisica. (Così **posso** dare l'esame appena **comincia** l'anno accademico.) **Imparo** anche ad utilizzare per bene il nuovo computer. **Cerco** di fare ginnastica ogni giorno: a mezzogiorno **vado** in palestra, **faccio** un po' di sollevamento pesi e **sto** mezz'ora sulla bicicletta. Dopo **mangio** qualcosa di leggero (un'insalata caprese e tanta frutta) e **bevo** un tè freddo. Niente caffè, però; quest'estate **smetto** definitivamente di bere il caffè! Il pomeriggio **mi metto** a scrivere (**lavoro** sull'articolo per una nuova rivista scientifica). **Devo** probabilmente tradurre un saggio per la mia professoressa; **vedo** quello che mi **propone**. La sera **mi preparo** da mangiare: **mangio** solo verdure. Dopo cena **leggo** o **esco** con gli amici (magari a vedere un buon film, non le solite sciocchezze!); a volte gli amici **vengono** a casa mia per fare quattro chiacchiere. Una cosa **è** certa: **vado** a letto presto. Non **rimango** più in piedi fino all'una o alle due di notte; **devo** abituarmi a un orario decente. A fine estate **sono** veramente un altro!

B. **Come saranno?** Indovina come saranno queste cose. Scegline quattro dalla lista (o fa' delle tue proposte originali) e scrivi 4 o 5 frasi su ciascuna.

> **Possibilità:** la cena a casa di un vegetariano / una vegetariana
>
> il Grand Canyon a mezzanotte
>
> l'interno del Treno Verde
>
> la metropolitana
>
> andare in pallone (*ballooning*)

> ESEMPIO: La cena a casa di un vegetariano / una vegetariana sarà molto differente da quelle che conosco. Ci saranno tanti piatti diversi di verdure e molta frutta. Il vino non sarà servito, solo vari succhi di frutta e acqua minerale. Si parlerà di prodotti biologici e di salute...

2. Futuro anteriore

In pratica

A. **Il gioco del vantaggio.** Marta è poco sicura di sé; crede di dover sempre superare gli altri. Fa' la sua parte e rispondi a quello che dicono gli altri secondo l'esempio.

> ESEMPIO: Finisco la tesi a giugno. → Io a giugno avrò già finito la tesi.

1. Compio 21 anni a maggio.

   _____

2. Lunedì prossimo consegno la relazione di storia.

   _____

3. Giovedì mi iscrivo a un corso di yoga.

   _____

4. Venerdì a quest'ora parto per la campagna.

   _____

5. Mi laureo l'anno prossimo.

   _____

6. A Natale i genitori mi comprano la moto.

   _____

B. Un amico inquieto. Michele è uno che si preoccupa per niente; è turbato in questo momento perché la sua amica doveva arrivare un'ora fa. Daniele, il suo compagno di camera, cerca di calmarlo. Completa il dialogo mettendo i verbi indicati al *futuro anteriore*.

MICHELE: Dove può essere?

DANIELE: Mah, _____[1] (mettersi) in viaggio un po' tardi. Ha detto che

doveva passare in ufficio prima di partire.

MICHELE: Cosa le _____[2] (succedere)?

DANIELE: Niente, calmati. _____[3] (fermarsi) da qualche parte, magari a

prendere un caffè o a fare quattro passi per stirarsi (*stretch*).

MICHELE: Perché non mi chiama?

DANIELE: _____[4] (telefonare) mentre eravamo fuori. Non ti

preoccupare tanto!

MICHELE: _____[5] (avere) un incidente. Sì, ne sono proprio sicuro.

DANIELE: Ma no, ci _____[6] (essere) molto traffico, come al solito.

MICHELE: Telefono subito ai suoi genitori.

DANIELE: Dai, non rompere le scatole anche a loro. Non le _____[7]

(capitare) niente.

MICHELE: E allora perché non telefona?

DANIELE: Lo chiedi a me? Tu sai com'è—_____[8] (dimenticare).

L'hai sempre detto che è un tipo molto distratto.

MICHELE: (*esce e torna quasi subito*) La signora accanto dice che una ragazza in macchina è passata

mentre eravamo al mercato.

DANIELE: Vedi, _____[9] (essere) proprio lei. Ora mi vuoi lasciare

tranquillo?

3. Condizionale presente e passato

In pratica

A. A una festa. Gianpiero è invitato a una festa molto elegante. Cosa dice agli altri? Completa le frasi mettendo i verbi al *condizionale presente*.

    ESEMPIO: Mi scusi, (io) avrei (avere) bisogno di fare una telefonata. Dov'è il telefono?

1. Signora, mi _____ (potere) indicare l'ospite d'onore?

2. Lorenzo, _____ (sapere) per caso come si chiama quella ragazza?

   Mi _____ (presentare) a lei?

3. Signorina, _____ (volere) ballare con me?

4. Mmm, (io) _____ (mangiare) volentieri un altro cioccolatino.

5. Lorenzo, sta' attento! Non _____ (dovere) bere tanto.

6. Cameriere, _____ (chiudere) per favore la finestra? Qui fa freddo.

7. Mi scusi, Lei _____ (essere) per caso il dottor Buontempo?

8. Lorenzo, che ne _____ (dire) di un bel caffè? Mi pare che tu ne

   abbia bisogno.

9. Signorine, _____ (preferire) dello spumante o dell'acqua minerale?

10. Vediamo se Lorenzo si mette a ballare sul tavolo. Ci _____

    (mancare) altro (*That would really be the final touch*)!

B. Un'amica in crisi. Alessia si è trovata in una situazione difficile: ha dovuto fare un viaggio del tutto inatteso a Londra. Per fortuna, gli amici erano disposti a darle una mano. Scrivi quello che hanno detto secondo l'esempio.

    ESEMPIO: Luigi ha detto «Baderò al tuo gatto». →
                 Luigi ha detto che avrebbe badato al suo gatto.

1. Ho detto «Ti accompagnerò all'aeroporto».

   _____

2. Sara e Marco hanno detto «Ci occuperemo della tua posta».

   _____

3. Un suo collega ha detto «Andrò a ritirare il tuo biglietto».

   _____

4. Voi due avete detto «Annaffieremo le tue piante».

   _____

5. Laura ed io abbiamo detto «Terremo d'occhio (*We'll keep an eye on*) la tua macchina».

   _____

6. Mauro ha detto «Ti verrò a prendere all'aeroporto».

   _____

C. Uno che ha rimpianti. Paolo è un ragazzo intelligente e simpatico che rinuncia a tutto. Completa il brano traducendo le espressioni in corsivo. I verbi possono essere al *condizionale*, al *condizionale passato*, al *passato prossimo*, all'*imperfetto* o al *trapassato prossimo*.

> ESEMPIO: Paolo voleva uscire con Mirella, ma non glielo ha chiesto; era sicuro che avrebbe rifiutato…

Paolo voleva uscire con Mirella, ma non glielo ha chiesto; era sicuro che (*she would have refused*)

_____.[1] Un anno dopo, quando Mirella era fidanzata con un altro,

Paolo ha saputo che (*she had always liked him*) _____,[2] e che (*she would*

have gone out) _____[3] volentieri con lui. Ma Paolo era così: (*he would*

abandon) _____[4] subito ogni suo desiderio.

Aveva un gran talento creativo: (*he would have liked*) _____[5]

diventare artista, ma i genitori l'hanno scoraggiato. Quando gli altri gli facevano complimenti per

un quadro o un disegno, lui (*would always answer*) _____[6] «Mah,

veramente, non è un gran che». Gli amici dicevano, «Paolo, sei tanto bravo! (*You should*)

_____[7] far vedere il tuo lavoro». Ma lui (*would never listen to them*)

_____[8] (badare); infatti, non badava mai a quello che il proprio cuore

(*would tell him*) _____.[9] Alla fine, quando ha avuto l'opportunità di

partecipare a una mostra, (*he couldn't*) _____,[10] perché era veramente troppo

impegnato con il suo lavoro in banca. Una volta (*he could have*) _____[11]

fare un viaggio in Giappone (un amico stava male e (*couldn't use*) _____[12]

il biglietto); Paolo ha rinunciato, però, perché (*he supposedly had*) _____[13]

«troppo da fare». Ma non era vero; era vero solo che Paolo credeva di non meritare qualcosa di

tanto bello.

D. Cosa faresti? Scegli una delle situazioni elencate, e di' quello che faresti in quel caso. Scrivi un paragrafo con almeno otto frasi. Usa un altro foglio.

> ESEMPIO: Se avessi 50 milioni di dollari, comprerei un bell'appartamento in Toscana, magari sulle colline del Chianti. Avrei un bel giardino dove coltiverei le piante che mi piacciono di più e magari anche qualche albero di vite. Chissà un giorno potrei diventare un produttore di vino. Magari mi prenderei anche un appartamentino in città perché mi piace vivere in città. Lo prenderei però a Bologna e non a Firenze. Ci sono troppi turisti a Firenze. Passerei le estati (che a Bologna sono calde) in Toscana e la primavera e l'autunno a Bologna. E l'inverno… beh, ci farei un pensierino a prendere un appartamentino al mare… magari al Sud. Ma forse non mi basterebbero 5 milioni di dollari per tutto ciò.

1. Se avessi (*I had*) sei mesi di vacanze,
2. Se avessi una villa in Toscana,
3. Se avessi 50 milioni di dollari,
4. Se fossi (*I were*) il Presidente degli Stati Uniti,

4. *Dire, raccontare* e *parlare*

In pratica

A. Mini-dialoghi. Completa gli scambi con le forme adatte di **dire, parlare** e **raccontare**.

1. —Tutti continuano a _____ di quello che è successo tra Bianca e Ruggiero. Tu

   che ne _____?

   —Io _____ che non m'interessano i fatti altrui (*other people's business*), punto

   e basta.

2. —Quante lingue _____ tuo marito?

   —Quattro, ma non è capace di _____ una barzelletta in nessuna!

3. —È proprio un chiacchierone (*a chatterbox*) tuo figlio—(lui) _____ molto per un

   bambino di quell'età.

   —È vero—e sta zitto solo quando (noi) gli _____ una favola!

4. —Quest'articolo _____ che la settimana scorsa Britney Spears...

   —Per carità, non me ne _____! Non ne posso più!

5. —Sara e suo marito sono tanto egocentrici—_____ solo di sé stessi.

   —Sai che (io) ti _____? Non li invitiamo più a casa nostra.

6. —Quel Giacomo mi dà sui nervi. Va in giro a _____ male di tutti, e per di più

   quello che _____ non è affatto vero. Che malizia!

   —Cosa vuoi—è uno che _____ sempre delle storie. Non gli badare (*Don't pay*

   any attention to him).

B. Domande personali. Sei molto loquace? Completa le domande con le forme adatte di **dire, parlare**
e **raccontare.** Poi rispondi alle domande secondo le tue opinioni ed esperienze personali.

ESEMPIO: Di che cosa parlate in genere tu e gli amici? →

In genere parliamo di quello che succede all'università (dello sport, dei nostri
programmi per il fine settimana).

1. Ti piace _____ i tuoi sogni ad altri? Perché o perché no?

   _____

2. _____ molte bugie? In quali situazioni? Sii sincero/a, se puoi!

   _____

3. Di che cosa non _____ volentieri? Per quale motivo?

   _____

4. In genere, di che cosa _____ quando incontri un ragazzo/a per la prima volta

   e vuoi fare bella figura?

   _____

(continued)

5. Cosa ti _____ continuamente i tuoi genitori? E come mai si ripetono così?

_____

6. Se dovessi (*you had to*) _____ la storia della tua vita sotto forma di fiaba, quale

personaggio saresti? Perché?

5. Costruzioni impersonali con *si*

In pratica

A. La vita di tutti i giorni. Qual è la tua routine? Cosa fai, a che ora, con chi esci? Scrivi 10 frasi sulle tue abitudini quotidiane; usa la *costruzione impersonale con si* quanto puoi.

> ESEMPIO: A casa mia ci si alza tardi, verso le 10.00, perché in genere si fanno le ore piccole. Purtroppo, ci si mette subito a litigare (per la doccia, o per il caffè che si è dimenticato di comprare). Per lo più, però, si fa presto la pace (*peace*)…

B. Informazioni. Roberta, una studentessa del primo anno d'università, ha bisogno di informazioni. Completa le sue domande mettendo i verbi alla forma impersonale. Poi da' le tue risposte personali, usando i *pronomi diretti* o *indiretti* quando possibile.

> ESEMPIO: —Dove *si comprano* i gettoni per le lavatrici?
>
> —Si comprano… allo Student Union o alla cooperativa.

1. —Come _____ (fare) la tessera per l'autobus?

   —_____

2. —Quando _____ (distribuire) i voti agli studenti?

   —_____

3. —Dove _____ (vendere) i computer a basso prezzo?

   —_____

4. —Cosa _____ (potere) fare quando _____

   (sentire) molto la mancanza degli amici e dei parenti?

   —_____

5. —Dove _____ (iscriversi) a corsi facoltativi tipo yoga o sollevamento

   pesi?

   —_____

6. —In genere, _____ (fare) molto sport a quest'università?

   —_____

6. Aggettivi e pronomi dimostrativi

In pratica

Un complesso d'inferiorità. Ilaria arreda la casa. Quando gli amici le fanno complimenti, risponde sempre che le cose di sua sorella sono più belle. Completa le frasi degli amici; poi fa' la parte di Ilaria e rispondi.

> ESEMPIO: —Come sono belle queste piante!
>
> —Sì, ma quelle di mia sorella sono più belle.

1. —Com'è bello _____ quadro!

   —_____

2. —Come sono belli _____ bicchieri!

   —_____

3. —Com'è bella _____ poltrona!

   —_____

4. —Come sono belle _____ foto!

   —_____

5. —Come sono belli _____ scaffali!

   —_____

6. —Com'è bella _____ tavola!

   —_____

Precisiamo!

TO WASTE; WASTE (*n.*)
• **perdere, sciupare, sprecare** *to waste (time, money, energy, and so on)*

Non perdiamo tempo con queste stupidaggini.	*Let's not waste time with this stupidity.*
Sono scialacquoni; hanno già sciupato un patrimonio.	*They're squanderers; they've already wasted a fortune.*
Non sprecare il fiato; quella lì non ti dà retta.	*Don't waste your breath; she won't listen to you.*

• **sciuparsi** *to damage, to wrinkle*

Questa camicia si sciupa facilmente.	*This shirt wrinkles easily.*

• **lo spreco** *waste; misuse*

È uno spreco delle risorse naturali.	*It's a waste of natural resorces.*

• **la perdita** *waste; leak; loss (of a loved one)*

È una perdita di tempo.	*It's a waste of time.*
C'è una perdita in bagno.	*There is a leak in the bathroom.*
Dopo la perdita del compagno non era più sé stesso.	*After the loss of his companion he wasn't himself anymore.*

• **lo scarico** *waste (product), discharge*

Gli scarichi industriali provocano danni all'ambiente.	*Industrial wastes damage the environment.*

GARBAGE

- **il cestino (per la carta straccia)** *wastebasket*

  La mia relazione? Nel cestino, purtroppo. | *My paper? In the wastebasket, unfortunately.*

- **il bidone (dell'immondizia)** *trash can*

  Ci vogliono più bidoni in questo parco. | *This park needs more trash cans.*

- **buttar via, gettar via, scartare** *to throw away*

  Vogliamo buttar / gettar via questi giornali o riciclarli? | *Should we throw away these newspapers or recycle them?*

  È tutta roba da scartare, non si può riciclare. | *This is all stuff to be thrown away, it cannot be recycled.*

- **di nessun valore, da due soldi** *worthless, trashy (of little value)*

  È un rivista di nessun valore. | *It's a worthless magazine.*

  Quel programma televisivo? Roba da due soldi. | *That TV program? Trashy stuff.*

- **le sciocchezze, le stupidaggini** *garbage, nonsense, stupidity*

  Sono proprio stufa di queste tue sciocchezze / stupidaggini. | *I'm really sick of this garbage of yours.*

- **la porcheria** *trash, filth; a vile or dishonest thing*

  Per lui, anche i romanzi di Lawrence sono delle porcherie. | *As far as he's concerned, even Lawrence's novels are trash.*

  Hai sentito cos'ha detto Stefano? Che porcheria! | *Did you hear what Stefano said? How vile!*

A. Quale espressione? Leggi attentamente le frasi, poi completale scegliendo le espressioni adatte.

ESEMPIO: Io mi preparo i panini invece di mangiare alla mensa; altrimenti è uno (scarico / (spreco)) di soldi.

1. C'è una nuova proposta di legge a proposito (degli scarichi / delle perdite) dei carburanti.
2. Quelli lì sono sempre al verde perché gli piace (servire / sprecare) il denaro.
3. La signora Paoli si è ripresa (*recovered*) a poco a poco dopo (lo spreco / la perdita) del marito.
4. Questi pantaloni di marca sono fatti così male, (si vendono / si sciupano) facilmente.
5. Non approvo per niente la lettura di riviste come *Playboy* o *Penthouse*; secondo me sono solo delle (sciocchezze / porcherie).
6. Ho comprato un bel (cestino / bidone) per il nuovo bagno.
7. Quella canzonetta (*popular song*) è di moda ma per me è una cosa (da salvare / da due soldi).
8. Questi vestiti sono proprio sciupati; è ora di (gettarli / salvarli).

B. Ora tocca a te! Adopera ognuna delle espressioni elencate qui sopra in una tua frase originale. Usa un altro foglio.

Autovalutazione

A. Futuro. Completa le seguenti frasi con la forma corretta del verbo al *futuro*. Scegli tra i seguenti verbi: **bere, cercare, mangiare, pagare, telefonare, venire, volere ritornare.**

1. Quando arriveremo a destinazione io _____ all'ufficio turistico per sapere se hanno un albergo che ci possono raccomandare.

2. Poi noi _____ qualcosa in un ristorante che conosco.

3. Io _____ acqua minerale mentre tu _____ un bicchiere di vino.

4. Noi _____ con la carta di credito ma se non l'accettano, _____ io in contanti.

5. Se saremo contenti _____ anche l'anno prossimo; se invece il posto non ci piacerà noi _____ un altro posto.

6. Sai benissimo che ti amo, io _____ dovunque tu vada.

B. Condizionale. Completa le seguenti frasi con la forma corretta del *condizionale presente* o *passato* a seconda della logica della frase.

1. Io _____ (volere) andare a mangiare da mia sorella per il suo compleanno ma quando sono arrivato a casa sua non c'era. Forse _____ (dovere) avvisarla prima di andare.

2. Marco _____ (prenotare) l'albergo ma sa che l'ha già prenotato Alex.

3. Il treno _____ (arrivare) in orario ma c'era brutto tempo e quindi è arrivato in ritardo.

4. A Lele _____ (piacere) lasciare quel lavoro che non gli piace ma ha bisogno di soldi per pagare le tasse universitarie.

5. Peccato, guarda che camera brutta e senza vista, io _____ (scegliere) un albergo forse più costoso ma con camere migliori.

C. Costruzioni impersonali con *si* e verbi *dire, parlare e raccontare*. Completa con la forma corretta di uno dei tre verbi dati nella forma impersonale. Segui l'esempio.

ESEMPIO: È il giocatore meglio pagato negli Stati Uniti, _____ che guadagni molti milioni di dollari all'anno. →

È il giocatore meglio pagato negli Stati Uniti, *si dice* che guadagni molti milioni di dollari all'anno.

1. Oggi la famiglia italiana è completamente cambiata, non _____ più neppure durante la cena.

2. Il presidente italiano non sta bene, _____ che sia stato ricoverato in ospedale.

3. Non mi interessa quello che si dice su di me, so che _____ un sacco di bugie.

4. _____ che Dante abbia incontrato Beatrice per la prima volta quando aveva 9 anni.

5. A proposito dell'ambiente, _____ tanto ma si fa poco; la verità è che molti non vogliono fare nessun sacrificio.

APRITE LE ORECCHIE! 🎧

Lessico ed espressioni comunicative

Vocabolario attivo

A. All'albergo. Sentirai delle domande. Sostituisci l'espressione con un verbo di uguale significato fra quelli elencati qui sotto. Alcuni verbi non vengono usati. Sentirai le risposte giuste alla fine dell'esercizio.

a. appartarsi   b. spostarsi   c. valere la pena   d. costare un occhio della testa   e. costare due lire

1. …   2. …   3. …

B. Da scegliere. Sentirai delle definizioni. Di' a quale delle parole date qui di seguito corrispondono. Alcune parole non vengono usate. Sentirai le risposte giuste alla fine dell'esercizio.

a. roccioso   b. rabbioso   c. esauriente   d. esaurito   e. teso   f. tesoro

1. …   2. …   3. …

Strutture

1. Futuro semplice

A. Sognando le vacanze. Luigi ha un lavoro molto noioso; passa il tempo pensando all'estate prossima. Fa' la parte di Luigi e ripeti le frasi al *futuro*.

ESEMPIO: Passo l'estate a Londra. → Passerò l'estate a Londra.

1. …   2. …   3. …   4. …   5. …   6. …

B. Cosa faranno? Cosa faranno queste persone da grandi? Ascolta attentamente, poi di' quello che faranno scegliendo fra le espressioni indicate. Dopo una breve pausa sentirai la risposta giusta.

ESEMPIO: Barbara studierà legge e diventerà avvocatessa.

(lavorare per la FIAT / avere uno studio legale) →

Avrà uno studio legale.

1. tenere conferenze / andare nella giungla
2. fare bei disegni / andare sulla luna
3. tradurre libri e poesie / giocare a carte
4. cantare alla Scala / avere una galleria al Soho
5. andare al MIT / ballare in discoteca

2. Futuro anteriore

A. Un tipo in gamba. Lorenzo è una persona molto organizzata. Parla delle cose che avrà fatto in un momento nel futuro. Fa' la sua parte e usa le espressioni che senti e i verbi indicati per parlare dei tuoi progetti. Dopo una breve pausa sentirai la risposta giusta.

ESEMPIO: domani a quest'ora (finire di scrivere la relazione) →

Domani a quest'ora *avrò finito di scrivere la relazione.*

1. dare l'esame di spagnolo   4. partire per Bologna
2. andare in palestra   5. arrivare a Bologna
3. fare le valigie   6. vedere la mia ragazza

B. Cosa sarà successo? Alex e Lele hanno preso sul serio la campagna per salvare l'ambiente. Di' quello che avranno fatto. Dopo una breve pausa sentirai una possibile risposta giusta.

ESEMPIO: Lele → Avrà comprato i detersivi biodegradibili.

1. …   2. …   3. …   4. …   5. …

3. Condizionale presente e passato

A. Al ristorante. Antonella va al ristorante con i colleghi di lavoro. Cosa chiede agli altri? Usa le espressioni elencate per formare le domande. Dopo una breve pausa sentirai la risposta giusta.

ESEMPIO: cameriere / portarci un buon vino bianco →
Cameriere, ci porterebbe un buon vino bianco?

1. Massimo / volere un po' di asparagi
2. (noi) / dovere prendere un'altra bottiglia di vino
3. Donata / darmi il sale
4. signor Winkler / piacerLe tornare in Italia
5. signori / farmi un po' di posto
6. (io) / poter pagare con la carta di credito

B. Persone bugiarde. È una bella giornata d'estate; tutte queste persone se ne sono andate alla spiaggia. Cos'hanno detto che avrebbero fatto invece? Usa i soggetti che senti e le informazioni elencate. Dopo una breve pausa sentirai la risposta giusta.

ESEMPIO: Donatella («Farò ricerche in biblioteca».) →
Ha detto che avrebbe fatto ricerche in biblioteca.

1. «Starò a letto a riposarmi».
2. «Lavoreremo a casa».
3. «Visiteremo dei clienti in centro».
4. «Mi preparerò per il meeting di domani».
5. «Aspetterò l'idraulico».

4. *Dire, raccontare* e *parlare*

Detti e fatti. Sentirai una serie di risposte, ognuna letta due volte. Scegli la frase che ha provocato quella risposta. Sentirai le risposte giuste alla fine dell'esercizio.

ESEMPIO: Cosa vuoi? È egoista. →
a. Paolo dice sempre delle bugie.
ⓑ Paolo parla solo di sé stesso.

1. a. Giovanna racconta a tutti i fatti (*business*) suoi.
   b. Giovanna parla solo in italiano.

2. a. Quelli lì non si fermano mai a parlare.
   b. Quelli lì raccontano sempre delle storie.

3. a. Ilaria è una che parla chiaro.
   b. Dicono che Ilaria voglia lasciare il marito.

4. a. Lara non parla bene inglese.
   b. Lara dice male di tutti.

5. a. Parla più forte; non ti sento.
   b. Cosa mi dici di bello?

5. Costruzioni impersonali con *si*

A. Al cinema. Donata e gli amici vanno al cinema. Cosa si chiedono? Parafrasa le frasi secondo l'esempio. Dopo una breve pausa sentirai la risposta giusta.

> ESEMPIO: Cosa vediamo? → Cosa si vede?

1. …   2. …   3. …   4. …   5. …   6. …

B. Alla lezione d'italiano. Roberto è raffreddato; non è andato a lezione oggi. Digli quello che si è fatto in classe oggi usando le espressioni che senti. Dopo una breve pausa sentirai la risposta giusta.

> ESEMPIO: Abbiamo parlato dell'inquinamento. →
>
> Si è parlato dell'inquinamento.

1. …   2. …   3. …   4. …   5. …   6. …

C. Il fine settimana. Cos'hanno fatto Angela e gli amici questo week-end? Usa i verbi che senti; sostituisci i pronomi alle espressioni indicate. Dopo una breve pausa sentirai la risposta giusta.

> ESEMPIO: Sono andati in centro. → Ci si è andati.

1. due film italiani
2. i sottotitoli
3. il museo d'arte moderna
4. vari CD
5. nella discoteca «Allegria»
6. i compiti

6. Aggettivi e pronomi dimostrativi

A. Guarda un po'! Ilaria fa degli acquisti in centro con l'amica. Fa' la sua parte e di' all'amica di guardare queste cose. Dopo una breve pausa sentirai la risposta giusta.

> ESEMPIO: foulard (*m.*) → Guarda un po' quel foulard!

1. …   2. …   3. …   4. …   5. …   6. …

B. Un commesso. Giacomo lavora in una calzoleria; chiede ai clienti quali articoli desiderano vedere. Fa' la sua parte e rispondi ai clienti secondo l'esempio. Dopo una breve pausa sentirai la risposta giusta.

> ESEMPIO: Per favore, mi fa vedere gli stivali. → Quali stivali, questi o quelli?

1. …   2. …   3. …   4. …   5. …

Ascoltiamo!

Proposte anti-smog. Ascolta attentamente il breve brano che si tratta di quello che le amministrazioni di grandi città dovrebbero fare per migliorare le condizioni dell'aria. Poi di' se le affermazioni sono vere o false. Ascolta il brano più volte se necessario. Sentirai le risposte giuste alla fine dell'esercizio.

Vero o falso?

		V	F
1.	I treni dovrebbero permettere il facile trasporto di biciclette.	V	F
2.	Si dovrebbe permettere alle biciclette di entrare nel centro storico.	V	F
3.	I camion non dovrebbero mai circolare in città.	V	F
4.	Si dovrebbe convincere la gente ad acquistare più veicoli elettrici.	V	F
5.	Nei giorni di grande inquinamento dovrebbe circolare solo la metà dei veicoli, cioè alternare le targhe (pari e dispari).	V	F

Capitolo 7   Una laurea? A cosa serve?

PRENDETE PENNA E CALAMAIO!

Lessico ed espressioni comunicative

Vocabolario attivo

Dialoghi-lampo. Completa i dialoghi dopo aver consultato il **Lessico ed espressioni comunicative.**

1. —Simona, come è andato il colloquio?

   —Non me lo menzionare, era _____, non ho risposto alle domande

   dell'intervistatore.

2. —Alex, non raccontare di essere astemio, bevi come _____.

   —Non il vino, solo un po' di birra. Però stasera assaggio il Brunello di Montalcino perché dici

   che è tanto _____.

3. Lele _____ a Marta: —Non mi piace per niente quando Alex mi

   _____ di fronte ai nostri amici, come se io fossi uno scemo.

   —Lele, non prendertela con lui, Alex _____ spesso in risate anche

   senza una ragione.

4. —Alex, non _____ quando cerco di parlarti di cose serie.

   —Scusa Lele, ma certe volte parli in un modo poco chiaro ma buffo, devi essere più

   _____.

5. —Lele, non sei gentile, _____ di continuo mentre parlo con Simona.

   —Chiaro, perché da quando ha conosciuto te lei non mi parla più. Bell'amico che sei, mi hai

   rubato la ragazza.

Strutture

1. Congiuntivo presente

In pratica

A. **Un tipo dogmatico.** Il signor Fini trova sempre da dire sui fatti dei vicini. Fa' la sua parte e riscrivi le frasi secondo l'esempio.

> ESEMPIO: I Liotto comprano una nuova macchina. (è ora) →
> È ora che comprino una nuova macchina.

1. I Colussi se ne vanno alla fine del mese. (desidero)

   _____

2. Si finiscono i restauri entro il 15 giugno. (mi aspetto)

   _____

3. La signora de Michelis è manager all'Olivetti. (dubito)

   _____

4. La figlia dei Salina esce con un giovane marocchino. (penso)

   _____

5. La signora Tartara rimane a casa con i figli. (è giusto)

   _____

6. I Brambilla parcheggiano la macchina lontano da qui. (è necessario)

   _____

7. Il figlio dei Ruggieri ha tanti problemi. (mi dispiace)

   _____

8. Il signor Fredi fa l'avvocato. (non credo)

   _____

B. **Mini-dialoghi.** Completa i brevi scambi con le forme adatte dell'*indicativo,* del *congiuntivo* o dell'*infinito,* secondo il contesto.

1. —Caro, vuoi che (io) _____ (accompagnare) i ragazzi a scuola?

   —Grazie, sei un tesoro. Ho bisogno di _____ (arrivare) un po' presto in ufficio stamattina.

2. —Ragazzi, bisogna che (voi) _____ (fare) presto.

   —Professore, non deve _____ (farci fretta)!

3. —Senti, è probabile che io _____ (partire) un po' prima del previsto (*expected*). Puoi darmi una mano?

   —Certo. Quando vuoi _____ (cominciare)?

4. —Sai, ho sentito dire che Giovanni _____ (volere) lasciare Anna...

   —Io non ci credo. Li ho visti ieri; mi pare che _____ (essere) molto felici.

5. —Devi parlare con Lorenzo. Dicono che _____ (uscire) tutte le sere e che _____ (ubriacarsi) ogni fine settimana.

   —Hai ragione. Non è bene che _____ (comportarsi) così.

6. —Laura, non voglio che si _____ (ripetere) in giro quello che ti ho detto.

   —Non ti preoccupare! Ti assicuro che non lo _____ (dire) a nessuno.

C. **Sistemazioni.** La gente viene e va. Trasforma le frasi usando le espressioni tra parentesi.

ESEMPIO: Franca cerca casa. (ho l'impressione / Franca ha bisogno / Roberto mi ha detto) →
Ho l'impressione che Franca cerchi casa.
Franca ha bisogno di cercare casa.
Roberto mi ha detto che Franca cerca casa.

1. Comprate la villetta (*country cottage*). (mi fa piacere / sperate / vedo)

_____

_____

_____

2. I Serianni rimangono a Milano. (i Serianni vogliono / non credo / ho saputo)

_____

_____

_____

3. Luca deve cambiare casa. (suppongo / Luca pensa / sono sicura)

_____

_____

_____

4. Te ne vai a Roma. (speri / mi dispiace / mi dicono)

_____

_____

_____

2. Congiunzioni

In pratica

A. **Mini-dialoghi.** Completa i brevi scambi scegliendo le espressioni adatte.

ESEMPIO: —Si esce o si guarda un video?
—Per me va bene il video, (perché / affinché) sono proprio distrutta.

1. —Maurizio continua i corsi all'univerità?
—Credo di sì. Ha detto che si iscriverà (dopo che / prima che) si sarà laureato.

2. —Lauretta ti accompagna al Club Med?
—No, non può, (siccome / di conseguenza) sta ancora aspettando la famosa «green card».

3. —Giacomo è ancora raffreddato?
—Poverino, non fa altro (fuorché / senza che) dormire.

4. —Avete venduto la macchina?
—Già. (Quindi / Dato che) nessuno la usava, era uno spreco di soldi.

5. —Lo sapevi che Paola si è licenziata?
—Sì, (nondimeno / infatti), è venuta a dirmelo personalmente.

6. —Avete rinunciato alle vacanze?
—Purtroppo, non ce la facevamo con i soldi. (Tuttavia / Anzi), mi piacerebbe fare qualcosa di bello qui in città.

B. Storia di un coniglio. Parla Marcello, «ex-coniglietto di Pasqua». Completa la storia mettendo i verbi indicati all'*indicativo* o al *congiuntivo,* secondo il caso.

ESEMPIO: —Voglio bene ai miei padroni, sebbene *siano* (essere) degli esseri umani e a volte sbagliano.

1. Giacché (loro) mi _____ (portare) da mangiare e da bere, non ho da lamentarmi.

2. Sono disposto a tollerare tutte le loro stupidaggini, a meno che non

   _____ (mettersi) a parlare con un linguaggio infantile (*baby talk*).

3. Quando (loro) _____ (cominciare) a dire roba tipo «Che bel bambino! Quanto

   sei dolce, piccolo coniglietto amorino», mi viene voglia di scappare.

4. A volte però mi fingo contento affinché (loro) mi _____ (dare) una carota.

5. Mi piace molto il piccolo Pierino, perché lui mi _____ (prendere) sul serio.

6. Senza che (io) gli _____ (dire) niente, Pierino mi racconta tutto quello che è

   successo a scuola.

7. Mi libera da questa maledetta gabbia ogni tanto, affinché (io) _____ (potere)

   stirarmi un po'.

8. Anche se gli adulti alla fine _____ (accorgersi) che esco con Pierino

   non mi importa; mi fanno piacere questi periodi di libertà in compagnia di Pierino.

C. Abitudini di lettura. Ti piace leggere? Completa le frasi secondo le tue opinioni ed esperienze personali.

ESEMPIO: —Non entro mai in una libreria senza (comprare qualcosa, dare un'occhiata ai libri di fantascienza, la mia carta di credito).

1. In genere, leggo per _____

   _____

2. Compro libri a meno che _____

   _____

3. La sera mi piace leggere fino _____

   _____

4. Non apro mai un libro senza _____

   _____

5. Leggo molte cose interessanti per i miei corsi; tuttavia _____

   _____

6. Sono disposto/a a provare libri di autori sconosciuti a condizione che _____

   _____

7. Mi piacciono molti generi di letteratura fuorché _____

_____

8. Quando non sto leggendo qualcosa, è perché _____

_____

3. Aggettivi e pronomi indefiniti

In pratica

A. Incontri misteriosi. Parla Romolo, un giovane musicomane (*music fanatic*). Completa le frasi scegliendo le espressioni adatte.

ESEMPIO: Mi trovavo in Piazza del Duomo; c'era (parecchie / (parecchia)) gente intorno a me.

1. Mi sono seduto sulla panchina; non pensavo a (niente / chiunque) di particolare.
2. Poi mi sono accorto che c'era una giovane accanto a me, bella e (molto / molta) misteriosa.
3. «Ma Lei, quando è arrivata?» ho balbettato (*I stammered*). Mi faceva (tanto / tanta) paura.
4. «Io La vedo (tutte le / ogni) volte che viene qui», mi ha risposto con un sorriso abbagliante (*blinding*).
5. Mi girava la testa. Non era una ragazza (qualche / qualsiasi). Ma chi era?
6. Mi ha preso la mano, e mi sono sentito subito di ghiaccio (*ice*). «Cosa vuole da me?» le ho chiesto. Non avevo (nessun' / poca) idea.
7. «Venga con me. La voglio portare in un locale dove fanno sentire una musica particolare— (ciascuna / qualcosa) di sperimentale, che non ha sentito altrove (*anywhere else*)».
8. L'ho seguita, preso da uno strano incanto; intorno a me, non mi accorgevo più di (nessuno / ognuno) e subito dopo mi sono svegliato.

B. Mini-dialoghi. Completa i brevi scambi con le forme adatte di **alcuni, altro, certo, nessuno, niente, parecchio** o **troppo**. Attenzione! Alcune espressioni vengono usate più di una volta.

1. —Hai comprato l'ultimo CD di Andrea Bocelli?

   —Sì, _____ dicono che sia il suo migliore.

2. —Quella panetteria (*bakery*), come l'hai trovata?

   —Me l'aveva indicata una _____ signora.

3. —Uffa, non c'è _____ da fare.

   —Anzi, c'è _____ da fare—si potrebbe pulire il garage, fare il bucato, tagliare

   l'erba...

4. —Signora, desidera _____?

   —No, grazie, basta così.

5. —Cerco una cornice (*frame*) antica per questa foto.

   —Sai, ne ho viste _____ al mercato. Ci dovresti andare.

6. —Ce l'hai il numero del dottor Franchi?

   —Mi dispiace, ho guardato sull'elenco ma non ho trovato _____ dottor

   Franchi.

Precisiamo!

STUDIES

- **fare (seguire) un corso** *to take a course*

  Quest'anno faccio (seguo) un corso di storia dell'arte. — *This year I'm taking an art history course.*

- **prendere una lezione** *to have a (private) lesson*

  Il giovedì prendo una lezione di canto. — *On Thursdays I have a voice lesson.*

- **fare un esame** *to take an exam*

  Domani faccio un esame di chimica. — *Tomorrow I have a chemistry exam.*

- **dare l'esame** *to take a final or comprehensive exam*

  Luisa dà l'esame fra poco; mi sembra molto agitata. — *Luisa's taking her finals soon; she seems really nervous.*

- **sgobbare** *to cram, to grind*

  Non mi piace sgobbare; preferisco prepararmi con calma. — *I don't like to cram; I prefer to prepare calmly.*

- **superare (non superare) un esame** *to pass (fail) an exam*

  Hai superato l'esame di biologia? — *Did you pass your biology exam?*

  Molti studenti non hanno superato l'esame di latino. — *Many students failed (didn't pass) the Latin exam.*

- **essere promosso (bocciato, respinto, rimandato)** *to pass (to fail)* (*passive constructions*)

  Beato te! Tu sei stato promosso all'esame di greco mentre io sono stata respinta. — *Lucky you! You passed the Greek exam but I failed.*

- **bocciare** *to fail (someone)*

  Hai visto Mauro? Sai che l'hanno bocciato in fisica? — *Have you seen Mauro? Do you know that they failed him in physics?*

- **l'istruzione** *education*

  A mio avviso, molti studenti hanno un'istruzione superficiale. — *In my opinion, many students have a superficial education.*

- **istruito** *educated, cultured;* **ignorante** *uneducated*

  È una donna molto istruita. — *She's a very cultured woman.*

  È un tipo piuttosto ignorante; non gli si può parlare di niente. — *He's a rather ignorant guy; you can't talk to him about anything.*

- **l'educazione** *upbringing, good manners*

  La sua mancanza di educazione è disgustosa. | *His lack of manners is disgusting.*

- **educato** *well brought-up;* **maleducato** *impolite*

  È un ragazzo molto educato; piace a tutti. | *He's a very polite boy; everyone likes him.*

  È un'arrogante; è veramente maleducata. | *She's an arrogant person; she's really rude.*

A. Come si dice? Completa le frasi scegliendo le espressioni adatte.

1. Il Dottor Morelli è andato via senza salutare nessuno. È un tipo assolutamente senza (istruzione / educazione).
2. Cosa vuoi? È uno snob—molto (educato / istruito) ma poco gentile.
3. Ho deciso di (prendere lezioni / fare un corso) di scultura per la laurea.
4. Quella signora è molto brusca; è una persona intelligente ma piuttosto (maleducata / ignorante).
5. Luca deve studiare tutta l'estate; è stato (promosso / respinto) agli esami.
6. Per andare avanti negli studi, bisogna (bocciare / sgobbare) un sacco.
7. Laura si è addormentata a lezione oggi pomeriggio; poverina, avrà (sgobbato tutta la notte / superato l'esame).

B. Ora tocca a te. Adopera ognuna delle espressioni elencate qui sopra in una tua frase originale. Usa un altro foglio.

Autovalutazione

A. Congiuntivo. Completa le seguenti frasi con il verbo nel modo corretto (*congiuntivo* o *indicativo*).

1. I miei genitori vogliono che io _____ (laurearsi) in biologia e non in italiano.

2. Tutti sanno che la biologia _____ (essere) una materia che offre molti sbocchi (*openings*) nel mondo del lavoro.

3. È importante che gli studenti _____ (scegliere) una materia interessante.

4. Non sappiamo quali corsi il dipartimento di italiano _____ (offrire) il prossimo semestre.

5. Gli studenti d'oggi credono che non _____ (servire) a niente seguire corsi di letteratura.

B. **Congiunzioni.** Completa la frase con la forma corretta del verbo in base alla congiunzione usata.

1. Lui sceglie una buona università privata anche se la sua famiglia non _____ (essere) molto ricca.

2. Sebbene molti attori non lo _____ (meritare), ricevono la Laurea Honoris Causa da prestigiose università.

3. Non posso frequentare quell'università a meno che (loro) non mi _____ (offrire) una borsa di studio.

4. Senza che la figlia lo _____ (sapere), i genitori hanno deciso di pagare le tasse universitarie.

5. Benché ai miei genitori non _____ (piacere) la mia decisione, mi laureerò in italiano entro il giugno prossimo.

C. **Aggettivi e pronomi indefiniti.** Completa le seguenti frasi con un *pronome* o *aggettivo indefinito* adatto.

1. Ci vogliono _____ mesi prima di trovare lavoro dopo la laurea.

2. Oggi non ho _____ voglia di studiare.

3. _____ pensa che quell'esame sia troppo difficile.

4. _____ materia tu scelga avrai dei problemi a trovare lavoro perché hai un carattere strano.

5. Non ho visto _____ in facoltà che possa aiutarti a tradurre quella poesia.

APRITE LE ORECCHIE! 🎧

Lessico ed espressioni comunicative

Vocabolario attivo

A. **Da scegliere.** Sentirai una frase che esprime un concetto attraverso un *aggettivo* o un *sostantivo*. Dalla coppia di parole scegli quella che si adatta meglio al concetto espresso nella frase. Sentirai le risposte giuste alla fine dell'esercizio.

1. a. saporito   b. insipido
2. a. astemio   b. un gran bevitore
3. a. un'intervista   b. un colloquio
4. a. una gioia   b. uno schifo

B. **Mini-dialoghi.** Ascolta i seguenti mini-dialoghi e poi indica se le affermazioni che seguono sono vere o false. Sentirai le risposte giuste alla fine dell'esercizio.

1. Alex si lamenta perché Lele si intromette nei suoi discorsi.   V   F
2. Simona pensa che i compagni la prendano in giro per quello che fa.   V   F
3. Alex sghignazza perché è un po' ubriaco.   V   F

Strutture

1. Congiuntivo presente

A. Anch'io. Francesca parla con la mamma. La mamma esprime il suo parere; Francesca, una volta tanto, è d'accordo. Fa' la parte di Francesca e rispondi alla mamma secondo l'esempio. Dopo una breve pausa sentirai la risposta giusta.

> ESEMPIO: Spero che tu ti laurei quest'anno. → Anch'io spero di laurearmi quest'anno.

1. … 2. … 3. … 4. … 5. …

B. Parla una dirigente. La signora Conte raccomanda varie cose all'assistente. Fa' la parte della signora e modifica le frasi che vedi con le espressioni che senti. Dopo una breve pausa sentirai la risposta giusta.

> ESEMPIO: (I clienti ricevono le lettere domani.) è importante →
> È importante che ricevano le lettere domani.

1. Gli altri sanno subito della riunione.
2. Si tiene questo segreto.
3. La signora Brunetti traduce subito l'articolo.
4. Gli altri fanno presto.
5. Il tassista mi viene a prendere prima delle cinque.
6. Lei rimane qui fino a tardi stasera.

C. Trasformazioni. Trasforma le frasi che vedi con le espressioni che senti. Dopo una breve pausa sentirai la risposta giusta.

> ESEMPIO: (Laura non viene a lezione oggi.)
> ho saputo → Ho saputo che non viene a lezione oggi.
> mi dispiace → Mi dispiace che non venga a lezione oggi.
> Laura è sicura → Laura è sicura di non venire a lezione oggi.

1. I Gilli non possono accompagnarci.
2. Franco sta male.
3. Rimanete a Roma per l'estate.

2. Congiunzioni

A. Come si va a finire? Prima ferma l'audio e da' un'occhiata alle conclusioni delle frasi elencate. Poi ascolta attentamente l'inizio, più volte se necessario. Scegli la conclusione più logica a ogni frase che senti. Sentirai le risposte giuste alla fine dell'esercizio.

> ESEMPIO: Farò un po' di jogging purché… → c

1. _____
2. _____
3. _____
4. _____
5. _____
6. _____

a. c'è un bel sole
b. non voglio andare ai grandi magazzini
c. faccia bel tempo
d. non ci sia lo sciopero dei treni
e. chiudano i negozi
f. ce ne sia uno vicinissimo a casa mia
g. danno un bel film

B. Programmi. Lamberto parla dei suoi programmi per il futuro. Ascolta attentamente le sue frasi, poi completale con le forme adatte delle espressioni date. Dopo una breve pausa sentirai la risposta giusta.

> ESEMPIO: Frequenterò l'Accademia di Belle Arti a meno che non…
>
> (mio padre / non vietarmelo) →
>
> Frequenterò l'Accademia di Belle Arti a meno che mio padre non me lo vieti.

1. — / essere molto difficile
2. mio padre / saperlo
3. io / poter studiare
4. io / promettere di lavorare sul serio
5. io / finire gli studi

3. Aggettivi e pronomi indefiniti

A. Osservazioni musicali. Ascolta attentamente le frasi. Poi completale con le espressioni più logiche dalle liste. Sentirai le risposte giuste alla fine dell'esercizio.

> ESEMPIO: A Mirella piacciono molto i CD di Jovanotti. Ne ha…
>
> a. parecchio   b. parecchie   (c. parecchi)

1. a. tutto   b. tutti   c. ognuno
2. a. tanti   b. tanta   c. tanto
3. a. molti   b. molte   c. molto
4. a. qualsiasi   b. poco   c. qualche
5. a. tutti   b. ciascuna   c. chiunque
6. a. niente   b. nessuna   c. nessuno

B. Parafrasi. Ascolta attentamente le frasi, poi parafrasale usando le espressioni indicate. Fa' tutti i cambiamenti necessari. Dopo una breve pausa sentirai la risposta giusta.

> ESEMPIO: Vasco Rossi piace a molta gente. (molti) → Vasco Rossi piace a molti.

1. qualunque persona   4. certi
2. ogni   5. tutti
3. pochi

Ascoltiamo!

L'istruzione in Italia. Sentirai un'intervista radiofonica sul sistema scolastico italiano. Parla la dottoressa Franca Conti. Ascoltala attentamente, più volte se necessario. Poi indica se le seguenti affermazioni sono vere o false secondo quello che si dice. Sentirai le risposte giuste alla fine dell'esercizio.

Vero o falso?

1. Le scuole italiane vanno decadendo (*are declining*) e sono forse le peggiori del mondo.   V   F
2. Al livello elementare e medio, il sistema italiano è tra i migliori del mondo.   V   F
3. Le scuole tecniche danno un'ottima preparazione pratica.   V   F
4. Il liceo classico è in declino.   V   F
5. Gli studenti italiani ricevono un'ottima formazione teorica all'università.   V   F
6. In questo momento si dedica poca attenzione alla preparazione pratica a livello universitario.   V   F

Capitolo 8   L'universo femminile e la realtà italiana

PRENDETE PENNA E CALAMAIO!

Lessico ed espressioni comunicative

Vocabolario attivo

A. Simili. Scrivi i *sinonimi* delle seguenti parole ed espressioni.

1. il pasticcio (*mess*) _____

2. libero _____

3. isolato _____

4. cancellare _____

5. risparmiare _____

6. darsi da fare come si può _____

7. riunirsi con qualcuno _____

B. Dialoghi-lampo. Completa gli scambi dopo aver consultato il **Lessico ed espressioni comunicative.**

1. —Lele, dove hai messo _____ con i soldi per l'affitto?

    —Ma _____ io? Sei tu che parli sempre con la padrona di casa.

2. —Tu proprio non capisci la gravità della nostra situazione. Saremo

    _____!

    —Va be' ti do i soldi ma da ora in poi li devi _____ per poter

    pagare anche varie bollette che ci arrivano ogni mese.

3. —E come no, mi _____! È bella e intelligente.

    —_____! Ti piace solo perché è carina; si sa che sei molto superficiale

    in queste cose.

Strutture

1. Pronomi tonici

In pratica

A. **Una festa dagli amici.** Sostituisci i *pronomi tonici* alle espressioni indicate.

Venerdì sera siamo andati da Stefania e Bob. Era il compleanno di (Bob)

_____[1] e avevamo deciso di festeggiarlo insieme a loro e con alcuni altri

amici. Stefania è una persona straordinaria: studia e ha due lavori ma ha voluto preparare tutto da

(sola) _____[2] Ha offerto delle pizzette (mio marito non le può mangiare

perché è allergico ai pomodori, ma [mi] _____[3] piacciono tanto). C'erano

anche dei crostini, un'insalata, e del gelato fatto in casa (che [ci] _____[4]

piace tanto!). Stefania ama molto i fiori, quindi (le) _____[5] abbiamo

portato un bel mazzo (*bunch*) di rose. Bob, invece, è un appassionato di cinema e così (gli)

_____[6] abbiamo regalato qualche DVD. Alla festa abbiamo visto

Maurizio—sì, proprio (Maurizio) _____,[7] finalmente tornato dagli Stati

Uniti! Maurizio ha parlato soprattutto del loro nuovo lavoro, ma (ci) _____[8]

ha raccontato anche del suo soggiorno in America. Ha detto che aveva un appartamento a

Filadelfia dove faceva tutto da (solo) _____[9]: preparava da mangiare,

puliva la casa… All'inizio si è sentito un po' spaesato (*disoriented*), ma poi sono arrivati alcuni

amici italiani e Maurizio ha fatto un bel viaggio con (quegli amici) _____[10]

per tutti gli stati della Nuova Inghilterra. (Vi) _____[11] piacerebbe fare un

viaggio in America?

B. **Mini-dialoghi.** Completa gli scambi con i *pronomi tonici* adatti. Usa anche le preposizioni, se necessario.

1. —Ragazzi, che si fa stasera?

   —Perché non venite da _____? Abbiamo noleggiato dei DVD interessanti.

2. —Marco ed io ci teniamo molto a vedere la mostra di De Chirico. Non dimenticare di

   telefonarci!

   —D'accordo, non ci vado senza _____.

3. —Francesco ti ha accompagnato al ricevimento?

   —No, è arrivato dopo _____, ma ci siamo visti e ci siamo dati appuntamento

   per venerdì prossimo.

4. —Andiamo dai Mauro sabato sera?

   —Veramente, preferisco non andare da _____. Sono degli egoisti che parlano

   solo di _____ stessi.

5. —Dicono che Raffaele ha il laptop, la stampante laser e il lettore di CD, tutti nuovi di zecca (*brand-new*).

   —Beato _____!

6. —I Pieri abitano nel vostro palazzo?

   —Sì, proprio sotto _____.

2. Altri usi del congiuntivo

In pratica

A. Mini-dialoghi. Completa gli scambi mettendo i verbi al *congiuntivo* o all'*indicativo*, secondo il caso. Se non è necessario cambiare il verbo, lascia lo spazio vuoto.

1. —Cerco un borsone nero che _____ (andare) bene con questi stivali.

   —Questo qui, signora—è bello, ampio ed è l'unico che ci _____ (rimanere).

2. —Massimo, c'è qualcuno al telefono che ti _____ (volere) parlare.

   —Digli che _____ (richiamare) tra dieci minuti. Sono sul punto di finire questo maledetto compito di fisica.

3. —Per la cucina, Roberto vuole qualcosa che _____ (essere) vecchio, ma non troppo; in buone condizioni ma non molto costoso…

   —Che lo _____ (cercare) da sé! Io, dove la posso trovare una cosa del genere?

4. —Quella donna, non ti sembra molto aggressiva? Non capisco come _____ (potere) lavorare così, notte e giorno.

   —Non è che _____ (essere) aggressiva, a mio avviso; è semplicemente un tipo molto passionale (*intense*).

5. —Sai, dovunque _____ (cercare), Bruno non riesce a trovare un appartamento.

   —Cosa vuoi? È così pignolo—non c'è niente da _____ (fare) per lui.

6. —Quella famosa macchina, siete riusciti a trovarla?

   —Sì, abbiamo trovato qualcosa che _____ (funzionare), e che non _____ (costare) troppo.

7. —Non so cosa _____ (fare) se non troverò lavoro.

   —Non ti preoccupare. Comunque _____ (andare) le cose, puoi sempre contare su di noi.

8. —*Falstaff* di Verdi è la più bell'opera che io _____ (conoscere). È proprio stupenda, non ti pare?

   —Per quanto _____ (essere) bella, non mi piace. Preferisco *La Traviata* e *Aida*.

B. Una madre preoccupata. La signora de Michelis torna dall'ufficio e non trova nessuno in casa. Si domanda dove siano il marito e i figli. Prendi la sua parte e fa' le domande secondo l'esempio.

ESEMPIO: il marito / essere ancora in ufficio → Che sia ancora in ufficio?

1. la figlia Monica / avere oggi la lezione di canto

   _____

2. il marito / passare a prendere Monica

   _____

3. i figli / andare stasera al concerto di Beyoncé

   _____

4. i tre / mangiare dalla zia Lucia

   _____

5. il figlio Silvio / insegnare stasera alla scuola di karatè

   _____

6. il marito / aspettarmi in centro

   _____

3. Congiuntivo passato

In pratica

A. Una mamma all'antica. La signora Colonna scrive alla figlia. Completa la sua lettera con le forme adatte del *congiuntivo passato*.

Cara Silvia,

Come stai, figliola mia? Spero che tu _____[1] (fare) buon viaggio, e che

(tu) _____[2] (sistemarsi) bene lì a New York. Mi dispiace che tu non mi

_____[3] (scrivere), ma so che avrai molto da fare. Come va il nuovo

lavoro? I colleghi di lavoro, tutti simpatici? Me lo auguro. Spero anche che tu

_____[4] (ricevere) la lettera da tua sorella. Ho l'impressione che lei e

Umberto _____[5] (passare) un'ottima vacanza in Sardegna; credo che

(loro) ti _____[6] (mandare) qualche foto dei bambini. Peccato che tu non

_____[7] (sposarsi) con Ruggero, quel ragazzo tanto carino, tanto

rispettoso! Mi auguro che non _____[8] (essere) un errore da parte

tua—rinunciare al matrimonio per la carriera, per andare a vivere negli Stati Uniti. Mi pare che

Ruggero, poverino, _____[9] (rimanere) molto deluso. Forse, chissà, ti

stancherai un giorno di quella vita pazzesca all'americana. Peccato che (voi) non

_____[10] (riuscire) a mettervi d'accordo!

Ti penso continuamente e ti abbraccio di cuore. Scrivimi di tutto quello che fai, e al più presto.

La tua affezionatissima mamma

B. Tutto fatto! Pierluigi fa parte dello staff di casa Anselmi; stasera si dà una cena molto importante. Completa le sue frasi con le forme adatte del *passato prossimo* o del *congiuntivo passato,* secondo il caso.

> ESEMPIO: Mi pare che i baristi *siano arrivati* (arrivare) alle tre in punto.
>
> So che Agata *ha ordinato* (ordinare) i fiori.

1. Credo che Agata _____ (andare) a prendere le paste.

2. Ho l'impressione che i baristi _____ (mettersi) subito a lavorare.

3. Vedo che i soufflés _____ (riuscire) perfettamente.

4. È chiaro che la pasticceria *Gilli* _____ (fare) di nuovo miracoli.

5. Che Agata _____ (dimenticare) di lucidare i candelieri?

6. Signore, Le assicuro che non si _____ (badare) a spese.

7. Troverà che (noi) _____ (ordinare) vini di ottima qualità.

8. Mi sembra che quei camerieri non _____ (capire) le regole di questa casa.

9. Signora, Lei può essere sicura che si _____ (fare) il possibile.

10. Sono contento che (Lei) _____ (trovare) tutto di Sua soddisfazione.

C. Congetture. Cosa dicono queste persone in queste situazioni? Mettiti nei loro panni e scrivi due o tre battute per ogni situazione. Usa il *congiuntivo passato.*

> ESEMPIO: Romolo, un ragazzo poco sicuro di sé. La sua ragazza doveva passare a prenderlo un'ora fa. →
>
> Che abbia dimenticato il nostro appuntamento? Che sia scappata con quel ragazzo americano? Che si sia resa conto quanto sono noioso?

1. La signora Bossi, è una persona un po' paranoica. Le è arrivato un pacco misterioso, timbrato (*postmarked*) Casablanca.

   _____

   _____

   _____

2. Nico, un tipo vanitoso. Oggi alla mensa universitaria una bella ragazza simpatica gli ha sorriso.

   _____

   _____

   _____

3. Roberto e Michele, due fifoni (*cowards*). Sono le due di notte e si è sentito cadere qualcosa.

   _____

   _____

   _____

(continued)

4. Daniela, giovane manager molto ambiziosa è in attesa di una promozione da qualche giorno. Il suo capoufficio però non l'ha ancora chiamata.

_____

_____

_____

4. Congiuntivo imperfetto e trapassato

In pratica

A. **Sempre insoddisfatta.** Bianca trova sempre da criticare in famiglia, nel quartiere, eccetera (*etc.*). Fa' la sua parte e riscrivi le frasi secondo l'esempio.

ESEMPIO: Mio marito è più alto. (vorrei) → Vorrei che mio marito fosse più alto.

1. I miei figli spendono meno. (vorrei)

_____

2. Danno più programmi documentari alla TV. (sarebbe bello se)

_____

3. Ci sono più mercati qui vicino. (preferirei)

_____

4. Questa casa ha più armadi (*closets*). (pensavo)

_____

5. Possiamo comprare la Jaguar. (se)

_____

6. Sono ancora giovane. (magari)

_____

7. Andiamo a vivere in una casa veramente bella. (bisognava)

_____

8. Fa fresco. (almeno)

_____

B. **Tante sorprese.** Tommaso è rimasto in casa a lungo per prepararsi agli esami; ora va in giro e scopre di non essere più al corrente di (*informed about*) quello che fanno gli altri. Fa' la sua parte e riscrivi le frasi secondo l'esempio. Usa le espressioni tra parentesi.

ESEMPIO: Gina e Luca sono andati nei Paesi Bassi. (credevo / in Svizzera) →
Credevo che fossero andati in Svizzera.

1. La signora Franchi ha avuto un maschietto. (pensavo / una femminuccia)

_____

2. Laura si è licenziata la settimana scorsa. (immaginavo / mesi fa)

_____

3. Roberto si è messo con (*got together with*) Gianna. (sembrava / Lisa)

_____

4. Abbiamo comprato la FIAT. (supponevo / la Lexus)

_____

5. Ho preso l'appartamento in via Lambruschini. (avevo l'impressione / in via delle Oche)

_____

6. Daniela e Massimo si sono appena lasciati. (credevo / già)

_____

C. Fantasie giovanili. Quali erano i tuoi pensieri e le tue credenze da piccolo/a? Completa le frasi secondo le tue opinioni ed esperienze personali. Usa il *congiuntivo imperfetto* o *trapassato*.

ESEMPIO: Quando ero piccolo/a, pensavo che i bambini (arrivassero dalla Luna / fossero portati dalla cicogna [*stork*] / nascessero già capaci di parlare e di giocare con me).

1. Credevo che da giovani, i miei genitori _____

_____

_____

2. Non credevo che i miei nonni _____

_____

_____

3. Supponevo che gli animali _____

_____

_____

4. Immaginavo che le persone nei paesi lontani _____

_____

_____

5. La notte temevo che _____

_____

_____

6. Mi aspettavo che tutti _____

_____

_____

Precisiamo!

TO REALIZE	
• **capire, rendersi conto di** *to realize* (*be aware of*)	
Non capisce le difficoltà che dobbiamo affrontare.	*He doesn't realize the difficulties we have to face.*
Mi sono resa conto troppo tardi che era una persona maliziosa.	*I realized too late that he was a spiteful person.*
• **realizzare** *to realize* (*bring into existence*)	
Abbiamo realizzato un progetto molto importante.	*We've realized (carried out) a very important plan.*

SENSITIVE	
• **sensibile** *sensitive* (*in most senses*)	
Ho la pelle sensibile; devo mettermi l'antisolare tutti i giorni.	*I have sensitive skin; I have to put on sunscreen every day.*
Non voglio dire che sia un donnaiolo; diciamo semplicemente che è sensibile alla bellezza femminile.	*I won't say he's a womanizer; let's just say he appreciates feminine beauty.*
• **commuoversi facilmente** *to be sensitive* (*tender-hearted*)	
Si commuove facilmente; piange anche quando vede *Casablanca* per l'ennesima volta.	*He's very sensitive; he even cries when he sees* Casablanca *for the umpteenth time.*
• **il sensitivo (la sensitiva)** *medium*	
Butta via tanti soldi con il sensitivo, i tarocchi e altre stupidaggini.	*She throws away so much money on the medium, tarot cards, and other stupid things.*

SHALLOW	
• **poco profondo, basso** *shallow* (*water*)	
Qui il mare è poco profondo; non c'è da preoccuparsi per i bambini.	*The sea is shallow (not very deep) here; we don't need to worry about the kids.*
• **piano** *shallow* (*containers*)	
Ci vuole un piatto piano per i cioccolatini.	*We need a shallow dish for the chocolates.*
• **frivolo, leggero, superficiale** *shallow* (*people, topics, and so on*)	
Paolo è così frivolo (leggero, superficiale); non lo sopporto.	*Paolo is so shallow; I can't stand him.*

A. Quale espressione? Completa le frasi scegliendo le espressioni adatte.

1. Per (rendersi conto dei / realizzare i) propri sogni bisogna essere disposti a lavorare sodo (*hard*).
2. Vado dalla (sensibile / sensitiva) per farmi fare le carte.
3. Dove il fiume è (piano / poco profondo) ci sono pochi pesci.
4. (Si è resa conto / Ha realizzato) che avevano fatto bene dopo tutto.
5. Ho comprato un vassoio (*tray*) (piano / basso) per i bicchierini di cristallo.
6. Non hai (capito / realizzato) che la situazione è molto grave?
7. Pur essendo famosissima, è una persona (superficiale / bassa).
8. Ha un carattere (sensibile / sensitivo); gli piace il silenzio.
9. (Sono una sensitiva / Mi commuovo facilmente); piango sempre ai matrimoni.
10. *Cinema Paradiso?* Un film carino, sebbene piuttosto (leggero / piano).

B. Ora tocca a te! Adopera ognuna delle espressioni elencate qui sopra in una tua frase originale. Usa un altro foglio.

Autovalutazione

A. Congiuntivo passato. Metti i verbi tra parentesi al *congiuntivo passato* o al *passato prossimo* a seconda del caso.

1. Alex crede che Lele _____ (noleggiare) l'automobile per andare in vacanza.

2. Lele cerca l'agenzia dove lui _____ (fare) la prenotazione.

3. Alex cerca invece di noleggiare un'auto che nessuno _____ (noleggiare) prima.

4. Per Simona e Marta questo è stato il viaggio più bello che loro _____ (fare).

5. Ieri sera Simona e Marta si sono divertite anche se durante la cena Alex e Lele _____ (comportarsi) in modo strano.

B. Congiuntivo imperfetto e trapassato. Completa le frasi con la forma corretta del *congiuntivo imperfetto* o *trapassato* a seconda del caso.

1. Mi piacerebbe che mia moglie _____ (guadagnare) più soldi; ha un lavoro importante ma la pagano poco.

2. Era molto strano che al colloquio di lavoro _____ (esserci) solo uomini.

3. Gli studenti mi hanno consegnato il compito in ritardo. Mi sembrava che loro _____ (capire) che la scadenza era ieri e non oggi.

4. Alex si meravigliava che a Marta _____ (piacere) mangiare il pesce crudo.

C. Pronomi tonici. Completa le frasi mettendo i *pronomi tonici* corretti.

1. Carlo, stasera veniamo da _____ per cena, va bene?

2. No, io non amo te, amo Carla… amo _____!

(*continued*)

3. Cari genitori, non voglio andare in vacanza senza di _____.

4. Sono arrivato tardi alla stazione e prima di _____ c'erano molte persone in fila.

5. Marco è una persona violenta e gli piace litigare, per questo io non dico mai niente contro di

_____.

APRITE LE ORECCHIE! 🎧

Lessico ed espressioni comunicative

Vocabolario attivo

A. Mini-dialoghi. Ascolta i seguenti dialoghi e poi rispondi alla domanda che ti viene fatta in modo tuo.

1. Il marito di Simona è pignolo perché mette via i piatti?

_____

2. Perché la domanda di Alex non è degna di una risposta?

_____

3. Perché Lele è così solitario?

_____

B. Da scegliere. Ascolta le espressioni e poi completale con il verb giusto.
Sentirai le risposte giuste alla fine dell'esercizio.

1. _____   a. riposarsi   b. affrettarsi

             a. annullare   b. anticipare

2. _____   a. portare via   b. mettere via

3. _____   a. rallegrare   b. raggiungere

4. _____

Strutture

1. Pronomi tonici

A. Sotto l'albero di Natale. Alex non ha ancora incartato (*wrapped*) i regali di Natale; Lele gli chiede per chi sono. Fa' la parte di Alex e rispondi secondo l'esempio. Dopo una breve pausa sentirai la risposta giusta.

ESEMPIO: Per chi è quel libro? È per Daniela? → Sì, è per lei.

1. ...   2. ...   3. ...   4. ...   5. ...

B. Tipi indipendenti. Immagina di essere una persona molto indipendente. Di' quello che fai tu e gli altri. Segui l'esempio. Dopo una breve pausa sentirai la risposta giusta.

ESEMPIO: tu → Fai tutto da te.

1. ...   2. ...   3. ...   4. ...   5. ...

2. Altri usi del congiuntivo

A. Dopo la laurea. Simona parla di sé e degli amici. Prima ferma l'audio e da' un'occhiata alle conclusioni delle frasi. Poi completa le frasi che senti, scegliendo le lettere delle conclusioni più logiche. Sentirai le risposte giuste alla fine dell'esercizio.

ESEMPIO: Cerco un lavoro che... → *e*

1. _____
2. _____
3. _____
4. _____
5. _____
6. _____

   a. capisce i suoi obblighi domestici.
   b. crede che le donne debbano restare a casa.
   c. Chiara possa sopportare un atteggiamento del genere.
   d. abbia il diritto di bloccare le aspirazioni professionali dei suoi impiegati.
   e. non mi impegni troppo.
   f. io conosca.
   g. sia autoritario e poco sicuro di sé.

B. Un tipo tirannico. L'ingegner Neri è un pezzo grosso (*big shot*), abituato a comandare. Fa' la sua parte e da' ordini con le espressioni elencate. Ripeti le risposte giuste.

ESEMPIO: (la segretaria / portarmi subito un caffè) → Che mi porti subito un caffè!

1. gli assistenti / finire il progetto domani
2. il cliente / ritelefonare più tardi
3. la segretaria / battere il rapporto al più presto
4. i colleghi / lasciarmi in pace
5. l'autista / aspettarmi giù al portone

3. Congiuntivo passato

A. Una madre all'antica. Amalia parla di sua madre che non ha mai cercato un lavoro dopo essersi laureata. Modifica le frasi usando le espressioni indicate. Dopo una breve pausa sentirai la risposta giusta.

ESEMPIO: Ha sposato mio padre a 24 anni. (penso) →
Penso che abbia sposato mio padre a 24 anni.

1. credo
2. ho l'impressione
3. sembra
4. penso
5. mi pare

B. Uno che si preoccupa. La ragazza di Stefano sta viaggiando da sola. Stefano non ha sue notizie da qualche giorno, ed è convinto che le siano capitate varie disgrazie. Fa' la parte di Stefano e esprimi le tue preoccupazioni secondo l'esempio. Ripeti le risposte giuste.

ESEMPIO: (lei / avere un incidente stradale) → Che abbia avuto un incidente stradale?

1. lei / dimenticarmi
2. lei / innamorarsi di un altro
3. lei / avere gomme sgonfie (*flat tires*)
4. lei / sbagliare strada
5. lei / finire in un ospedale

4. Congiuntivo imperfetto e trapassato

A. È bello sognare... Francesco parla dei suoi sogni per l'umanità. Fa' la sua parte e ripeti le frasi iniziando con **vorrei**. Dopo una breve pausa sentirai la risposta giusta.

ESEMPIO: Non c'è più ingiustizia. → Vorrei che non ci fosse più ingiustizia.

1. ... 2. ... 3. ... 4. ... 5. ... 6. ...

B. Ahimè! Alex passa la giornata a fantasticare. Fa' la sua parte e esprimi i suoi desideri secondo l'esempio. Usa **magari** e ripeti le risposte giuste.

> ESEMPIO: (io / avere più soldi) → Magari avessi più soldi!

1. io / poter andare a New York
2. Marta / volermi bene
3. mio padre / non essere così autoritario
4. i miei amici / non prendermi in giro
5. io / non dover lavorare

C. Difficoltà in ufficio. Alba chiede al collega Andrea se ha fatto varie cose. Fa' la parte di Andrea e rispondi secondo l'esempio, usando i soggetti indicati e i pronomi quando possibile. Dopo una breve pausa sentirai la risposta giusta.

> ESEMPIO: Hai spedito i fax? (Roberta) → No, pensavo che li avesse spediti Roberta.

1. tu
2. Paolo
3. gli altri
4. Roberta
5. tu

Ascoltiamo!

Un dibattito radiofonico. Due esperti discutono del diminuito tasso (*rate*) di crescita della popolazione italiana. Ascolta attentamente il vocabolario e il dibattito, più volte se necessario. Poi indica se le seguenti affermazioni sono vere o false. Sentirai le risposte giuste alla fine dell'esercizio.

Vocabolario utile: i metodi anticoncezionali *birth-control methods*   allevato *raised*

                     trascurare *to neglect*   adeguarsi a *to adapt to*

Vero o falso?

1. La dottoressa de Robertis insegna all'Università di Padova.   V   F
2. Per il dottor Mughini, le ragioni per il cambiamento demografico sono soprattutto economiche.   V   F
3. La dottoressa de Robertis dice che le ambizioni professionali delle donne sono ancora più importanti.   V   F
4. Il dottor Mughini dice che molti insegnanti saranno disoccupati se il tasso di crescita zero continuerà.   V   F
5. La dottoressa de Robertis è d'accordo che grossi problemi sociali siano inevitabili.   V   F
6. La dottoressa de Robertis dice, però, che i valori morali devono cambiare con i tempi.   V   F

Capitolo 9   L'Italia multietnica

PRENDETE PENNA E CALAMAIO!

Lessico ed espressioni comunicative

Vocabolario attivo

A. **Da abbinare.** Collega le parole della colonna **A** con le loro definizioni della colonna **B**.

A	B
1. _____ l'autogrill	a. È il documento con cui possiamo ritirare soldi.
2. _____ il bancone	b. È il piatto di verdura che accompagna i secondi di carne o pesce.
3. _____ la carta del bancomat	c. È il ristorante lungo l'autostrada per riposarsi quando si viaggia.
4. _____ il contorno	d. È un pezzo tagliato di pane, torta, o prosciutto.
5. _____ la fetta	e. È una persona a cui non piace spendere soldi.
6. _____ il fungo	f. Vuol dire prestare qualcosa a qualcuno.
7. _____ taccagno	g. È una verdura.
8. _____ fare un prestito	h. È un tipo di mobile che separa i clienti dai venditori.

B. **Definizioni.** Definisci i seguenti vocaboli in italiano.

1. il carro attrezzi _____

2. la corsia di emergenza _____

3. l'insalata caprese _____

4. la stazione di servizio _____

5. mettere sotto i denti _____

C. **Nel contesto.** Scrivi delle frasi complete usando le seguenti espressioni.

Espressioni: aver fame da lupi, farcela, mica, non scaldarti

1. _____

2. _____

3. _____

4. _____

Strutture

1. Periodo ipotetico con *se*

In pratica

A. Tante ipotesi. Abbina le espressioni della colonna **A** con quelle della colonna **B** per formare delle frasi logiche.

	A		B
1.	_____ Me lo dovevi dire	a.	mi faccio la tessera dell'autobus.
2.	_____ Te lo direi volentieri	b.	se lo avessi saputo io.
3.	_____ Se andrò in centro	c.	se non hai detto niente?
4.	_____ Dimmi ora	d.	se volessi accompagnarmi.
5.	_____ Cosa dovevo fare	e.	se vuoi venire al concerto.
6.	_____ Vi avrei avvertito	f.	passerò in banca.
7.	_____ Sarei contento	g.	se avevi intenzione di venire.
8.	_____ Se ho tempo questo pomeriggio	h.	se non avessi promesso di essere discreto.

B. Mini-dialoghi. Completa i brevi scambi con le forme adatte dei verbi indicati.

1. —Sai, Claudio ha sofferto molto quando ha incontrato Patrizia al ricevimento.

   —Mah, se non voleva vedere la sua ex (lui) _____ (dovere) rimanere a casa.

2. —Che si fa domani?

   —Se fa bello (noi) _____ (andare) al lago; se fa brutto (noi) _____ (cercare) di mettere in ordine la cantina (*basement*).

3. —Sono proprio distrutto. Non ho voglia di uscire.

   —Dai, se mi accompagni, ti _____ (presentare) mia sorella.

   È spiritosa, simpatica e le piace molto ballare!

4. —Peccato che tu non abbia accettato quel lavoro a New York.

   —Ma se (io) lo _____ (accettare), non ci saremmo conosciuti. Sono contento di essere rimasto a Torino!

5. —Come mai hai dimenticato di passare a portarmi quei giornali? Tu sai quanto ci tenevo!

   —Se fosse stato così importante, (tu) _____ (dovere) ricordarmelo. Sono molto occupato in questi giorni.

6. —Senti, se vedi Alberto, digli che venga da noi sabato sera.

   —Certo, se lo _____ (vedere), glielo dirò senz'altro.

7. —Avranno preso il treno delle 10.00.

   —Hai ragione. Se _____ (partire) con quello delle 8.00, ora

   sarebbero qui.

8. —Papà, mi compri il palloncino (*balloon*)?

   —Certo. Se fai il bravo, te ne _____ (comprare) anche due!

C. Fantasie. Completa le frasi secondo i tuoi sogni e desideri personali. Aggiungi dei particolari.

ESEMPIO: Se potessi rinascere come un animale… → mi piacerebbe essere una farfalla
(*butterfly*), per poter volare tra i fiori e il verde.

1. Se potessi rinascere come un animale, _____

   _____

   _____

2. Se potessi incontrare un personaggio storico, _____

   _____

   _____

3. Andrei a vivere _____ per un anno o due se

   _____

   _____

4. Se andassi a vivere su un'isola deserta, _____

   _____

   _____

5. La mia vita sarebbe molto diversa se _____

   _____

   _____

6. Se fossi invisibile, _____

   _____

   _____

2. Concordanza dei tempi nel congiuntivo

In pratica

A. A proposito degli immigrati. Cosa dicono gli italiani degli immigrati? Completa le frasi con le forme adatte dei verbi indicati.

1. Tanti italiani sono emigrati nelle Americhe; sarebbe bene se (noi) _____

   (accettare) gli immigrati ora che siamo noi un paese ricco.

2. Prima pensavo che gli immigrati _____ (essere) tutti dei lavoratori abusivi

   (*illegal*).

(continued)

3. Non capisco perché (loro) non _____ (tornare) ai loro paesi!

4. A dire il vero, mi vergogno dell'atteggiamento di tanti italiani. Vorrei che _____ (cercare) almeno di conoscere queste persone.

5. Non mi danno fastidio purché _____ (lavorare); ma tanti non fanno altro che chiedere l'elemosina (*beg for money*) o rubare.

6. Il fine settimana scorso ho invitato due ragazzi stranieri a pranzo; mio padre si è comportato abbastanza bene, quantunque _____ (protestare) prima.

7. Mi pare che _____ (essere) dei poveri disperati. Perché non lasciarli in pace o dargli una mano?

8. Quello là dice di essere un rifugiato politico, ma mi domando cosa gli _____ veramente _____ (succedere) nel suo paese.

9. Sono uscita con un giovane marocchino, sebbene i miei genitori _____ (essere) contrari.

B. Pareri personali. Completa le frasi secondo le tue opinioni ed esperienze personali.

ESEMPIO: Non pensavo che in Italia (esistesse il problema del razzismo, ci fossero tante etnie diverse, si manifestasse l'intolleranza fra i giovani).

1. Avevo l'impressione che la società italiana _____

_____

_____

2. È incredibile che gli italiani _____

_____

_____

3. Credevo che solo qui in America _____

_____

_____

4. Sarebbe bene se i leaders internazionali _____

_____

_____

5. Tra i problemi che l'umanità affronta oggi, penso che il razzismo _____

_____

_____

6. Per quanto riguarda le questioni di razza, credo che le persone della mia città _____

_____

7. Prima di venire all'università, non pensavo che il razzismo _____

_____

_____

8. Spero che le persone della mia generazione _____

_____

_____

3. Comparativo

In pratica

A. **Mini-dialoghi.** Completa i brevi scambi con le espressioni adatte. Le espressioni possono comprendere più di una parola.

1. —Sai, sono stato respinto all'esame di latino.

   —Non ti scoraggiare—è successo anche a me la prima volta. Studierai _____

   e poi ti andrà benissimo.

2. —Come sono eleganti i fiorentini!

   —Sì, ma ci sono _____ boutique di moda a Milano _____

   a Firenze. Milano è un centro internazionale di moda, secondo me _____

   importante anche _____ Parigi.

3. —Per chi hai intenzione di votare?

   —Mah, secondo me, Morelli è cretino _____ Pini. Non vedo una grande

   differenza.

4. —Com'è simpatico quel ragazzo!

   —_____ simpatico _____ credi. Lo sai che ha picchiato il figlio

   dei Costa?

5. —Non sono soddisfatto del lavoro che hanno fatto.

   —Neanch'io. Hanno fatto _____ mi aspettassi.

6. —Quante persone hanno partecipato alla riunione?

   —_____ dieci. È stato un disastro!

7. —Devo dire che non mi va il ragazzo di Giulia. D'accordo, è bello, ma è _____

   bello _____ simpatico.

   —Hai ragione, ma Giulia è innamoratissima lo stesso.

8. —Quanto ti devo?

   —Niente. Ho speso _____ te, siamo pari (*even*).

(*continued*)

9. —Per te, qual è _____ difficile, cantare o suonare il pianoforte?

—Per me cantare è molto _____ difficile _____ suonare il piano.

10. —Quanto si spende per un monolocale nel centro di Roma—1.000 euro al mese?

—Molto _____—almeno 1.500.

B. Domande personali. Paragonati al tuo migliore amico / alla tua migliore amica. Come sei? Usa le espressioni indicate e aggiungi dei particolari.

> ESEMPIO: disinvolto → Sono meno disinvolta della mia migliore amica; alle feste lei parla facilmente a tutti mentre io ho la tendenza a parlare solo con quelli che conosco.

1. studioso/a

_____

_____

2. uscire la sera

_____

_____

3. impegnato/a (*politically engaged*)

_____

_____

4. lunatico/a (*moody*)

_____

_____

5. scaricare canzoni dall'iTunes

_____

_____

6. usare l'Internet

_____

_____

7. inibito/a

_____

_____

8. sportivo/a

_____

_____

4. Superlativo

In pratica

A. **Tutti super!** David è in Italia per la prima volta; gli piace tutto quello che ci trova. Fa' la sua parte scrivendo le frasi secondo l'esempio.

> ESEMPIO: chiesa / bello / vedere →
> È una chiesa bellissima; è la chiesa più bella che io abbia mai visto.

1. gelato / delizioso / assaggiare

   _____

   _____

2. negozio / elegante / visitare

   _____

   _____

3. riviste / interessante / leggere

   _____

   _____

4. quadri / bello / vedere

   _____

   _____

5. palazzo / antico / visitare

   _____

   _____

6. persone / gentile / conoscere

   _____

   _____

7. professori / bravo / avere

   _____

   _____

8. vino / buono / bere

   _____

   _____

B. **Affari «ultra».** Qui si ha a che fare con persone passionali e cose eccezionali. Riscrivi le frasi sostituendo un'espressione equivalente alle parole indicate. Usa le espressioni elencate per formare quelle nuove.

> ESEMPIO: Quello lì è *ricchissimo*. → È ricco sfondato.

Espressioni: arci-   morto   stra-
              cotto   pungente   ultra-
              fradicio   sfondato   zeppo

1. I miei amici Franco e Daniela sono *molto innamorati.*

_____

2. Chiara preferisce le case *modernissime.*

_____

3. Sono *completamente stufa* delle vostre sciocchezze!

_____

4. Fa *un freddo molto intenso* da quelle parti.

_____

5. Questa valigia è *pienissima;* non ci si può mettere più niente.

_____

6. Sono *stanchissimo;* vado a dormire subito dopo cena.

_____

7. Ha dei gusti strani; preferisce la bistecca *molto cotta.*

_____

8. Quei due hanno bevuto tutta la sera; ora sono *molto ubriachi.*

_____

C. **Dove si va?** Immagina di scrivere ad alcuni amici italiani che vengono negli Stati Uniti per la prima volta. Cosa gli consigli? Usa le espressioni indicate e aggiungi dei particolari.

    ESEMPIO: università / famoso / Stati Uniti (Canada) → L'università più famosa degli Stati Uniti è Harvard. Si trova a Cambridge, una piccola città molto carina vicino a Boston.

1. spiagge / bello / Stati Uniti

_____

_____

2. città / interessante / ovest

_____

_____

3. regione / pittoresco / est

_____

_____

4. pesci / buono / Stati Uniti

_____

_____

5. musei / interessante / paese

_____

Precisiamo!

OPEN
• **aperto** *open (in most senses)*
Avanti, avanti; la porta è aperta.   *Come in, come in; the door's open.*
• **disponibile** *open-minded; available, vacant*
Mio zio preferisce parlare con i giovani; dice che sono più disponibili.   *My uncle prefers talking with young people; he says they're more open-minded.*
Ci sono camere disponibili durante tutto il mese.   *There are rooms available throughout the month.*
• **franco** *open (frank);* **con franchezza** *openly*
Voglio essere franca con te.   *I want to be open with you.*
È meglio parlare con franchezza del razzismo.   *It's better to speak openly about racism.*
• **aperto al dubbio, dubbio, insoluto** *open (unresolved)*
Per molti, il caso JFK è una faccenda insoluta.   *For many people, the case of JFK is an open question.*

A. Quale espressione? Completa le frasi scegliendo le espressioni adatte.

1. Mi dispiace, signora: il concerto del 25 è esaurito, ma ci sono ancora posti (disponibili / insoluti) per il 27.
2. Gli studenti stimano la professoressa Cardini perché è una persona (franca / dubbia).
3. Che noia quel film! Non sono riuscita a tenere gli occhi (disponibili / aperti).
4. L'esistenza o no degli extraterrestri è una questione (dubbia / franca) per molte persone.

B. Ora tocca a te! Adopera ognuna delle espressioni elencate qui sopra in una tua frase originale. Usa un altro foglio.

Autovalutazione

A. Periodo ipotetico. Completa le seguenti *frasi ipotetiche* con la forma corretta del verbo mancante.

1. Se uno straniero cerca lavoro in Italia, lo _____ (trovare) con molta

   difficoltà.

(continued)

2. Se gli immigranti ci avessero pensato prima, non _____ (rischiare)

   la loro vita per andare in un altro paese.

3. Lui troverebbe facilmente lavoro se _____ (avere) un permesso

   di soggiorno.

B. **Comparativi.** Forma dei *comparativi* con le parti date.

   1. difficile / trovare / tanto / lavoro / quanto / è / in Italia / in Spagna
   2. più / lavoratori stranieri / in Italia / esserci / in Inghilterra / che
   3. guadagnano / degli italiani / i lavoratori stranieri / meno

C. **Superlativi.** Completa le frasi con la forma corretta della parte mancante.

   1. È la legge più discriminante _____ Italia.

   2. È la legge più discriminante _____ io abbia mai letto.

   3. Quegli immigrati sono le persone più oneste _____ ci sia capitato di incontrare.

D. **Concordanza dei tempi.** Completa le frasi con la forma corretta dei verbi al *congiuntivo*.

   1. Non pensavo che negli anni '80 _____ (arrivare) molti immigrati dal Nord Africa.

   2. Oggi molti pensano che l'Italia _____ (avere bisogno) di leggi

      sull'immigrazione più chiare.

   3. Benché molti _____ (trovare) lavoro, non è facile adattarsi alla

      nuova realtà italiana.

APRITE LE ORECCHIE! 🎧

Lessico ed espressioni comunicative

Vocabolario attivo

A. **Da scegliere**. Ascolta le seguenti definizioni e poi scegli tra quelle date le parole che corrispondono alla definizione. Sentirai le risposte giuste alla fine dell'esercizio.

   a. la fetta
   b. l'insalata caprese
   c. l'autogrill
   d. la stazione di servizio
   e. il carro attrezzi
   f. il fungo
   g. la carta del bancomat

B. **Mini-dialoghi.** Ascolta i seguenti mini-dialoghi e riempili con l'espressione mancante. Le risposte si trovano alla fine del *Manuale di esercizi*.

   1. MARIA: Oh, Francesco, non ho in tasca niente, ho dimenticato il portafoglio a casa,

      _____, devo comprare qualcosa al supermercato.

      FRANCESCO: Va bene, vengo anch'io al supermercato così mi compro qualcosa, anch'io devo

      _____ altrimenti muoio di fame.

2. ALEX: Questo esame è difficile e io non ho studiato abbastanza. Non so proprio

_____ a passarlo.

LELE: La cosa importante è che tu non ti faccia prendere dal panico,

_____ a rispondere e vedrai che tutto andrà bene.

3. LELE: È da stamattina che non mangio, _____,

dai entriamo in quella spaghetteria.

ALEX: Guarda che neppure lì puoi fumare, ormai ti _____

di fumare dappertutto, spegni la sigaretta.

Strutture

1. Periodo ipotetico con *se*

A. Ipotesi. Queste persone dicono la loro opinione sul fenomeno dell'immigrazione in Italia. Prima ferma l'audio e da' un'occhiata alle conclusioni delle frasi elencate. Poi ascolta attentamente l'inizio e scegli le conclusioni più logiche alle frasi che senti. Sentirai le risposte giuste alla fine dell'esercizio.

ESEMPIO: Se incontro un marocchino per strada... → *f*

1. _____
2. _____
3. _____
4. _____
5. _____
6. _____

a. veramente non so cosa farei.
b. la gente sarà disposta ad accettarli.
c. dovevano andare in America, come gli italiani!
d. non ci sarebbero problemi di adattamento.
e. non vorremmo essere trattati con diffidenza.
f. ho paura sebbene creda di non avere pregiudizi.
g. che tornino a casa loro!

B. Un bel viaggio. Barbara cerca di convincere un'amica italiana a venire a trovarla negli Stati Uniti. Fa' la parte di Barbara e completa le frasi che senti con le espressioni elencate. Dopo una breve pausa sentirai la risposta giusta.

ESEMPIO: Se verrai... (noi / poter visitare il Grand Canyon) →
Se verrai, potremo visitare il Grand Canyon.

1. noi / andiamo anche a San Diego
2. noi / visitare il museo Getty
3. tu / poter vedere Luca
4. noi / fermarci anche a Seattle
5. tu / vedere che il caffè è buono come in Italia

2. Concordanza dei tempi nel congiuntivo

A. Ricordi di vacanza. Lisa parla di una visita ad Urbino, una deliziosa città delle Marche e un importante centro rinascimentale. Ascolta attentamente gli inizi delle sue frasi, poi scegli le conclusioni adatte tra le possibilità elencate. Sentirai le risposte giuste alla fine dell'esercizio.

ESEMPIO: Non credevo che Urbino... →
a. sia così importante   (b. fosse stato così importante)   c. sia stato così importante

1. a. fosse una città di provincia
   b. sia una città di provincia
   c. sia stata una città di provincia

2. a. l'avessi visitato
   b. la visitassi
   c. l'abbia visitata

(continued)

3. a. si fossero trovati a Urbino   b. si trovino a Urbino   c. si siano trovati a Urbino
4. a. fosse nato a Urbino   b. sia nato a Urbino   c. nascesse a Urbino
5. a. sia un capolavoro di architettura   b. sia stato un capolavoro di architettura   c. fosse un capolavoro di architettura

B. Questioni di famiglia. La signora Marchi parla al marito e ai figli. Trasforma le frasi che senti usando le espressioni elencate. Dopo una breve pausa sentirai la risposta giusta.

> ESEMPIO: Vi aiutate di più. (vorrei) → Vorrei che vi aiutaste di più.

1. voglio
2. sarà necessario
3. mi piacerebbe
4. bisognava
5. siate contenti
6. vorrei

3. Comparativo

Confronti. Virginia cerca casa; va a vedere un appartamento a Parma. Che ne pensa? Che ci trova? Completa le sue frasi con le espressioni adatte. Sentirai le risposte giuste alla fine dell'esercizio.

> ESEMPIO: La cucina è più piccola… →
>
> a. che la nostra   b. come la nostra   (c. della nostra)

1. a. che a casa nostra   b. di casa nostra   c. quanto casa nostra
2. a. del nostro   b. il nostro   c. che il nostro
3. a. mi aspettassi   b. due mila euro al mese   c. che immaginavo
4. a. bello   b. il nostro   c. volevo spendere
5. a. di meno   b. di più   c. meno

4. Superlativo

A. Estremamente straordinaria! Franco parla della sua amica Gianna; è un po' innamorato! Fa' la sua parte e rispondi alle domande secondo l'esempio. Dopo una breve pausa sentirai la risposta giusta.

> ESEMPIO: È bella? → Certo, è bellissima!

1. …   2. …   3. …   4. …   5. …

B. I più dei più. Nadia è una nuovayorchese per scelta; come tutti quelli di New York, esagera. Fa' la parte di Nadia e di' la tua opinione usando le informazioni elencate. Ripeti le risposte giuste.

> ESEMPI: (edificio / alto / mondo [+]) → È l'edificio più alto del mondo!
>
> (negozio / costoso / città [−]) → È il negozio meno costoso della città!

1. club / noto / città (−)
2. ristorante / chic / mondo (+)
3. spettacolo / popolare / tutti (+)
4. attrice / brava / tutte (−)
5. casa editrice / importante / mondo (+)

C. A una festa. Oggi è l'onomastico (*name day*) della signora Anselmi. Ringrazia i parenti e gli amici di tutto quello che hanno fatto. Fa' la parte della signora e usa le espressioni elencate per esprimere la tua riconoscenza (*gratitude*). Segui l'esempio. Ripeti le risposte giuste.

> ESEMPIO: torta / squisito / assaggiare → È la torta più squisita che io abbia mai assaggiato!

1. vino / buono / provare
2. tavola / bello / vedere
3. regalo / bello / ricevere
4. fiori / bello / vedere
5. serata / bello / passare

Ascoltiamo!

La parola agli italiani. Sentirai un servizio della RAI sull'atteggiamento degli italiani verso gli immigrati. Vengono intervistate persone di tutta la penisola. Ascolta attentamente le brevi interviste, più volte se necessario. Poi indica se le seguenti affermazioni sono vere o false. Le affermazioni appaiono nell'ordine delle interviste; fa' le tue scelte dopo ogni intervista. Sentirai le risposte giuste alla fine dell'esercizio.

Vocabolario utile: la colf (collaboratrice familiare) *maid*

Vero o falso?

1.	Ruggero ha un atteggiamento neutro verso gli extracomunitari.	V	F
2.	Antonio sembra essere una persona molto intollerante.	V	F
3.	Tiziana ha sempre avuto molta simpatia per gli immigrati.	V	F
4.	Ernestina è assolutamente convinta di stare contribuendo allo sviluppo di paesi del terzo mondo.	V	F
5.	Laura si mostra molto disponibile e comprensiva.	V	F
6.	A livello individuale e collettivo, Lucio ha molta paura degli extracomunitari.	V	F
7.	Luciana dice di essere meno tollerante di quanto non sembri.	V	F
8.	Renzo accetta tutti quelli che arrivano senza nessun problema.	V	F

Capitolo 10 Made in Italy

PRENDETE PENNA E CALAMAIO!

Lessico ed espressioni comunicative

Vocabolario attivo

Dialoghi-lampo. Completa gli scambi dopo aver consultato il **Lessico ed espressioni comunicative.**

1. —Alex, cosa hai mangiato? Hai _____ terribile.

   —Esageri, ho solo bevuto _____ di _____ al _____.

2. —Alex, non mangiare questa brioche, sembra vecchia.

   —Non preoccuparti, prima l'assaggio. Vedi ho mangiato solo _____.

3. —Alex (_____ e _____). Lele, cosa ha messo il barista nel mio

   caffè? Mi sento come se qualcuno mi avesse dato _____ nello stomaco, anzi

   mi sento di _____.

4. —Lele, c'è scritto qui che non si può fumare e invece tutti hanno acceso la sigaretta, che

   schifo!

   —Il proprietario dovrebbe essere _____.

   —Ma dai, sta zitto, paga _____, metti _____ sul

   _____ e ce ne andiamo via prima che il barista ci mandi fuori a calci

   nel sedere.

Strutture

1. Comparativi e superlativi irregolari

In pratica

A. Mini-dialoghi. Completa i brevi scambi con le forme adatte di **meglio, migliore, peggio, peggiore, più** o **meno.** Aggiungi gli articoli e le preposizioni se necessario.

1. —Abbiamo bisogno dell'idraulico.

   —Telefonate al signor Pini—è _____ che io conosca.

2. —Secondo te, com'è la qualità dei film americani?

   —Sempre _____. Si fanno troppi film scabrosi e violenti.

(continued)

3. —Ahimè, ho mangiato troppo.

   —Anch'io avrei dovuto mangiare _____.

4. —L'esame mi è andato bene—ho preso 29.

   —Vedi? E tu credevi di dover studiare _____.

5. —Stefano è stato licenziato?

   —Cosa vuoi? È uno che fa sempre _____ possibile.

6. —Siete andati a sentire Cecilia Bartoli?

   —Sì, ed è proprio bravissima. È abbastanza giovane ma canta _____

   tutte le altre dive.

7. —Com'è il ristorante Allegria?

   —Per me è _____ che ci sia! Andate piuttosto da Arcimboldo.

8. —Si va a giocare a basket. Vieni anche tu?

   —Volentieri, ma dovresti sapere che nessuno gioca _____ me!

B. **Mauro e Lauro.** Mauro e Lauro sono amici diversi in tutto. Completa le frasi con le forme *comparative* adatte.

   ESEMPIO: Mauro canta nel coro dell'università, Lauro in quello di un teatro importante;
   evidentemente, Lauro canta *meglio* di Mauro.

   1. All'esame di chimica Lauro ha preso 30, Mauro ha preso 27; Lauro ha preso un voto

      _____.

   2. Lauro ha 20 anni, Mauro ne ha 19; Mauro è _____.

   3. Mauro abita al 6° piano, Lauro al 3° piano; Lauro abita al piano _____.

   4. L'appartamento di Lauro ha tre stanze, quello di Mauro ne ha cinque; l'appartamento di

      Mauro è _____.

   5. Lauro ha una BMW, Mauro ha una Ford; la macchina di Lauro è di qualità

      _____.

   6. Mauro è alto un metro e 85, Lauro un metro e 79; Mauro è _____.

   7. Il telefonino di Mauro pesa 100 grammi, quello di Lauro pesa 200 grammi; evidentemente,

      quello di Mauro è _____.

   8. Mauro mangia al ristorante due volte alla settimana, Lauro tre volte; Lauro ci mangia

      _____.

   9. Mauro è un ottimo traduttore, Lauro traduce discretamente; Lauro è un traduttore

      _____.

   10. Nonostante tante differenze, Lauro e Mauro si vogliono bene: sono

       _____ amici.

2. Costruzione passiva

In pratica

A. **Gruppo Benetton.** Leggi attentamente queste frasi su Benetton, una delle più famose ditte italiane d'abbigliamento, e poi mettile alla *forma passiva*.

> ESEMPIO: Tutti conoscono la Benetton → La Benetton è conosciuta da tutti.

1. Luciano, Giuliana, Gilberto e Carlo Benetton hanno iniziato nel 1965 il Gruppo Benetton.

   _____

2. Benetton produce abbigliamento dai colori vivaci.

   _____

3. Il Gruppo Benetton vende i suoi prodotti in 120 paesi del mondo.

   _____

4. Tutto il mondo ammira le loro campagne di pubblicità.

   _____

5. Oliviero Toscani ha scattato molte foto controverse per le campagne Benetton.

   _____

6. Benetton vende circa 150 milioni di capi ogni anno in 5.000 negozi moderni.

   _____

B. **Un sacco di istruzioni.** Giulia organizza una sfilata di moda. Parafrasa quello che dice secondo l'esempio.

> ESEMPIO: Mettete in ordine quelle sedie. → Quelle sedie vanno messe in ordine.

1. Affiggete (*Put up*) i manifesti.

   _____

2. Richiamate tutti gli stilisti.

   _____

3. Sistemate bene quelle tavole per il ricevimento.

   _____

4. Ordinate le bibite per le modelle.

   _____

5. Invitate i fotografi.

   _____

6. Controllate (*Check*) le luci e la musica.

   _____

3. Pronomi relativi

In pratica

A. Mini-dialoghi. Completa gli scambi con i *pronomi relativi* adatti.

1. —Che libro hai comprato?

   —*Fosca* di Tarchetti. È il romanzo su _____ è basata l'ultima commedia

   musicale di Sondheim.

2. —Ho visto Michele e l'ho trovato molto sciupato.

   —Lo so. _____ ha bisogno è una lunga vacanza.

3. —Conosci Armani?

   —Certo! È lo stilista _____ vestiti piacciono tanto alle persone ricche e famose.

4. —Sei andata a sentire la senatrice? Come hai trovato il suo discorso?

   —Interessante, anche se non ero d'accordo con tutto _____ diceva.

5. —Chi è quella ragazza?

   —Si chiama Sofia. È _____ fa la tesi sull'industria dell'abbigliamento in Italia.

B. Indovinelli. Completa queste descrizioni, pensando ad una persona specifica. Può essere una grande personalità, l'insegnante, un compagno o una compagna di classe, eccetera. Poi porta quello che hai scritto in classe e fa' indovinare gli altri!

> ESEMPIO: La nazione in cui → La nazione in cui è nato è l'Italia. Ha dato un contributo essenziale alla ditta automobilistica italiana FIAT. Era spesso chiamato «l'avvocato». Chi è? (È Gianni Agnelli.)

1. La città (La nazione) in cui _____

   _____

   _____

2. Il campo che _____

   _____

   _____

3. Le ragioni per le quali _____

   _____

   _____

4. Quello che _____

   _____

   _____

5. Chi _____

   _____

   _____

4. Altre preposizioni

In pratica

A. **La stanza di Claudia.** Guarda il disegno e leggi attentamente il brano che descrive questa stanza. Poi completa il brano con le espressioni elencate, aggiungendo le preposizioni (semplici o articolate, secondo il caso) se necessario. Si possono usare le espressioni più di una volta.

Espressioni: davanti   dietro   intorno   lungo   sotto   vicino
            dentro   fuori   lontano   sopra   su

Ecco la stanza di Claudia, una mia compagna di casa che studia architettura. È una stanza

piuttosto piccola, ma Claudia è originale e molto efficiente nelle sue scelte. Tiene la bici, sospesa,

_____[1] la porta, e _____[2] letto c'è un

baule che usa per i maglioni e la biancheria. Ha fatto anche mettere degli scaffali

_____[3] il tavolo da disegno. _____[4]

scaffali tiene i libri, i dischi, un piccolo stereo e le cose che le servono per il lavoro.

_____[5] il tavolo c'è un cestino e anche una scatola:

_____[6] la scatola ci mette la carta da riciclare. Il computer e la

stampante sono _____[7] tavolo (proprio a portata di mano), perché

Claudia li usa molto; usa molto anche il fornello e la macchinetta del caffè, ma sono situati ben

_____[8] computer, per evitare le catastrofi! _____[9]

il muro Claudia appoggia gli ultimi suoi disegni; le foto dei suoi cari sono raggruppate

_____[10] specchio. Di vista non c'è un gran che (*there isn't much*):

_____[11] finestra si vede il cortile, con i balconi degli altri appartamenti.

Non si tratta di una sistemazione di lusso, certo, ma basta per adesso, e Claudia si trova molto bene.

B. Mini-dialoghi. Completa gli scambi scegliendo le espressioni adatte.

1. —Dov'è il cinema Odeon? (Di fronte alla / Sopra la) chiesa di Santo Stefano?
   —No, è (contro / dietro) la chiesa, in Piazza Mazzini.

2. —Eravate in molti alla riunione ieri sera? Ho visto un sacco di gente (fino / davanti) alla sede.
   —Boh, a dire il vero, (di fronte / oltre) ai membri del comitato non è venuto nessuno.

3. —Ecco, sono riuscita a trovare gli indirizzi di tutti (senza / tranne) quello di Nicola. Sai per caso dove abita?
   —Qualcuno mi ha detto che alloggia (presso / verso) i Perella. Gli telefoniamo?

4. —Non ti ho visto a teatro ieri sera. Non dovevi venire (insieme / accanto) a tuo fratello?
   —Purtroppo, lui è rimasto (salvo / senza) benzina e siamo arrivati (durante / dietro) l'intervallo.

5. —Allora, a che ora ci vediamo, (vicino alle / verso le) nove?
   —No, meglio (dopo / durante). Non riesco ad alzarmi così presto!

Precisiamo!

HERE, THERE	
• **qui** *here (in a precise spot)*	
Qui c'è caldo.	*It's hot here (where the speaker is standing).*
• **qua** *here (in this general area)*	
Qua c'è caldo.	*It's hot here (in this area).*
• **lì** *there (a precise spot)*	
Ci aspettano lì.	*They're waiting for us (right) there.*
• **là** *there (a general area)*	
Là non c'è più spazio.	*There's no more room (over) there.*
• **di qua da, di là da** *on this side of, on that side of*	
—Dov'è Alba?	—*Where is Alba?*
—Di qua / là dal fiume.	—*On this / that side of the river.*
• **più di là che di qua** *more dead than alive (also ironic)*	
L'ho visto ieri e sembrava più di là che di qua.	*I saw him yesterday and he looked more dead than alive.*

A. Come si dice? Leggi attentamente le frasi, poi completale con le forme adatte delle espressioni elencate sopra.

1. «Figaro _____, Figaro là, / Figaro su, Figaro giù, / pronto prontissimo / son come il fulmine!» (Rossini-Sterbini, *Il Barbiere di Siviglia*)

2. Poverini! Dopo tanti sforzi (*exertions*) sembrano _____.

3. Vieni _____, accanto a me; ti voglio dire qualcosa.

4. Il libro? È proprio _____, su quel tavolo.

5. Secondo Massimo, quella chiesa è vicino, _____ dal confine; secondo la piantina, però, è _____ dal confine. Non so di chi fidarmi!

6. Abitano _____, vicino allo stadio.

B. **Ora tocca a te!** Adopera ognuna delle espressioni elencate qui sopra in una tua frase originale. Usa un altro foglio.

Autovalutazione

A. **Superlativi irregolari.** Completa le seguenti frasi con la forma corretta di *meglio/migliore* o *peggio/peggiore*.

1. Alex cucina bene, ma Lele ha imparato da sua madre, un'ottima cuoca, e cucina

   _____.

2. Lele è assolutamente il _____ cuoco della sua famiglia.

3. Forse è vero, ma Lele l'altra sera ha fatto un sugo orrendo, era il _____ che

   avessi mai mangiato.

4. Ciò è successo perché non aveva niente in casa con cui cucinare; se avesse cucinato Alex

   avrebbe fatto _____, non dimenticare che lui proprio non sa cucinare.

B. **Passivo.** Metti il verbo indicato nella forma corretta al *passivo.*

1. Questo libro _____ (scrivere) a quattro mani; ci sono infatti due autori.

2. Credo che la macchina per il caffè espresso _____ (inventare) in Italia

   negli anni '20.

3. Quella casa _____ (comprare) dai miei amici se loro avessero avuto i soldi.

C. **Pronomi relativi.** Completa la parte mancante con il *pronome relativo* corretto.

1. I prodotti _____ vendono in quel negozio sono tutti italiani.

2. La ragione _____ vado da quel panettiere è che i prezzi sono buoni e la qualità ottima.

3. A me _____ piace di più del negozio è la gentilezza dei commessi.

4. Sono d'accordo; i commessi _____ ti servono sono molto cortesi.

5. Loro aspettano che tu abbia fatto la tua scelta e poi esprimono la loro opinione e non ti

   mettono premura. Questa è una cosa _____ io bado molto.

D. **Altre preposizioni.** Completa la parte mancante con una *preposizione articolata* o con *solo l'articolo.*

1. Davanti _____ negozio di Krizia c'è quello di Armani.

2. È molto lontano _____ centro?

3. No, si trova proprio dietro _____ Duomo e vicino _____ Scala.

4. Io preferisco fare compere in un centro commerciale dove tutti i negozi sono sotto

   _____ stesso tetto.

5. Non sono d'accordo; a me piace passeggiare lungo _____ marciapiedi e guardare le

   vetrine all'aria aperta.

APRITE LE ORECCHIE! 🎧

Lessico ed espressioni comunicative

Vocabolario attivo

A. Da completare. Completa le frasi che senti con una delle parole presentate in coppie. Sentirai le risposte giuste alla fine dell'esercizio.

1.	a.	lo scontrino	b.	il resto	4.	a.	bocconi	b.	sorsi
2.	a.	una mancia	b.	un pugno	5.	a.	schizzinose	b.	scherzose
3.	a.	la grappa	b.	un whisky					

B. Da scegliere. Ascolta le seguenti definizioni e poi scegli a quale verbo corrisponde. Sentirai le risposte giuste alla fine dell'esercizio.

1. _____
2. _____
3. _____
4. _____

    a. accendere
    b. fregare
    c. multare
    d. avere mal di stomaco

Strutture

1. Comparativi e superlativi irregolari

A. Il numero due. Roberto e Lamberto sono due fratelli poco in gamba; Lamberto, però, è meno bravo in tutto. Trasforma le frasi secondo l'esempio. Dopo una breve pausa sentirai la risposta giusta.

ESEMPIO: Roberto parla male inglese. → Lamberto parla peggio inglese.

1. ...   2. ...   3. ...   4. ...   5. ...   6. ...

B. Un tipo passionale. Lorena ha un temperamento passionale. Fa' la sua parte e trasforma le frasi secondo l'esempio. Dopo una breve pausa sentirai la risposta giusta.

ESEMPIO: Cecilia Bartoli canta bene. → Canta benissimo!

1. ...   2. ...   3. ...   4. ...   5. ...   6. ...

2. Costruzione passiva

A. Riflessioni sulla moda. Lia e gli amici parlano degli stilisti italiani. Metti le frasi che dicono alla forma *passiva*, cominciando con le espressioni indicate. Dopo una breve pausa sentirai la risposta giusta.

ESEMPI: Molti ammirano Armani. (Armani) → Armani è ammirato da molti.

Armani ha mostrato le nuove creazioni a Milano. (Le nuove creazioni) →

Le nuove creazioni di Armani sono state mostrate a Milano.

1. Dolce e Gabbana   4. le magliette di Benetton
2. gli stilisti francesi   5. Versace
3. le borse di Gucci

B. Una professoressa autoritaria. La professoressa Bossi comanda come al solito. Parafrasa quello che dice usando **andare**. Dopo una breve pausa sentirai la risposta giusta.

ESEMPIO: Dovete consegnare i compiti! → I compiti vanno consegnati!

1. ...   2. ...   3. ...   4. ...   5. ...

C. Un fine settimana difficile. Antonio ha passato un brutto week-end. Cosa gli è successo? Parafrasa le sue frasi usando **andare**. Dopo una breve pausa sentirai la risposta giusta.

ESEMPIO: Ho smarrito gli occhiali. → Gli occhiali sono andati smarriti.

1. ...   2. ...   3. ...   4. ...   5. ...

3. Pronomi relativi

Collegamenti. Sentirai una breve frase. Forma una singola frase usando le espressioni elencate e il *pronome relativo* adatto. Dopo una breve pausa sentirai la risposta giusta.

> ESEMPIO: Barilla è la marca della pasta. (Si trova anche in America.) →
>
> Barilla è la marca della pasta che si trova anche in America.

1. L'immagine di Maria Montessori appare sui francobolli italiani.
2. Ha vinto il premio Nobel per la letteratura.
3. È stato ucciso in Florida da un giovane.
4. Roberto scrive la tesi sull'arte moderna in Italia.
5. Suo figlio fa lo stilista.

4. Altre preposizioni

A. Dove sono? Sai trovare quello che c'è in via Manzoni? Ferma l'audio e da' un'occhiata al disegno. Poi indica le risposte giuste alle domande che senti. Sentirai le risposte giuste alla fine dell'esercizio.

> ESEMPIO: Dov'è la cartoleria? →
>
> a.   sotto la trattoria
>
> b.   accanto alla trattoria
>
> c.   lontano dalla trattoria

1. a. sopra il bar
    b. davanti alla cartoleria
    c. davanti al bar

2. a. lontano dal bar
    b. sopra il panificio
    c. accanto al panificio

3. a. di fronte alla trattoria
    b. presso la trattoria
    c. accanto alla trattoria

4. a. sopra la trattoria
    b. dietro la trattoria
    c. intorno alla trattoria

5. a. intorno al panificio
    b. presso il panificio
    c. sotto i finestroni

6. a. lontano dal bar
    b. dentro la cartoleria
    c. fuori della trattoria

B. Non esattamente. Giorgio è uno studente molto confuso. Ascolta attentamente quello che dice, poi correggilo, dando le informazioni contrarie. Dopo una breve pausa sentirai la risposta giusta.

Vocabolario utile: all'aria aperta *outdoors*   all'interno *indoors*

ESEMPIO: La pizzeria è lontano dal campus. → No, la pizzeria è vicino al campus.

1. …   2. …   3. …   4. …   5. …

Ascoltiamo!

Remade in Italy. Ascolta il breve brano su un'iniziativa interessante chiamata «Remade in Italy» e riempi le parti mancanti. Guarda prima il **Vocabolario utile.** Le risposte si trovano alla fine del *Manuale di esercizi.*

Vocabolario utile: accattivante *intriguing*   accessoriata *with all the options*
                       materasso *mattress*   pneumatici *tires*
                       scarti *garbage*   rame *copper*

Dal riciclo dei materiali più diversi, come plastica, _____,[1] o gomma, nascono

computer e oggetti di design. Con settanta giornali si fa una _____[2] dal design

accattivante. Con tre _____[3] un paio di occhiali alla moda, e con ottocento

una bicicletta accessoriata. La lana dei materassi e la gomma dei pneumatici rivivono in un

comodo _____,[4] la plastica delle bottiglie in un computer. Con ciò che si

_____[5] è possibile fare di tutto. Per convincersi basta visitare MATREC, la mostra

che raccoglie _____[6] di prodotti e materiali dalle caratteristiche più diverse, tutte

rigorosamente ottenute dagli scarti. MATREC è un progetto di Marco Cappellini, uno dei primi

architetti in Italia a _____,[7] dieci anni fa, nell'Ecodesign. Il suo studio, Cioò, aiuta

le aziende a _____[8] oggetti in materiale riciclato. I materiali da sfruttare sono

ancora molti. Oro, _____,[9] rame e altri elementi pregiati, per esempio, possono

essere estratti da computer, cellulari, televisioni e altri elettrodomestici che ogni italiano getta via

al ritmo di quasi _____[10] chili l'anno. Possiamo essere sicuri che da questi prodotti

di riciclo _____[11] oggetti interessanti che terranno alto il nome del Made

in Italy… cioè del *Remade* in Italy.

(Adattato da *L'Espresso,* articolo di Daniele Fanelli, 18 ottobre, 2007)

Capitolo 11 Cinema! Cinema!

PRENDETE PENNA E CALAMAIO!

Lessico ed espressioni comunicative

Vocabolario attivo

A. Antonimi. Tra i vocaboli elencati, scegli quello che significa il contrario delle espressioni date.

ESEMPIO: andare via   partire   (ritornare)   recarsi

1. l'aliscafo	il traghetto	il treno	il battello
2. l'impegno	il dovere	l'obbligo	il passatempo
3. l'imbarcadero	il molo	la strada	la banchina
4. disimpegnato	laborioso	sfaccendato	libero
5. non capire	notare	rendersi conto	accorgersi
6. sbrigarsi	rallentare	essere di fretta	affrettarsi

B. Nel contesto. Scrivi delle frasi complete usando le seguenti espressioni.

Espressioni: la corsa   costare un occhio della testa

fare lo spiritoso   magari   trascinare

1. _____

_____

2. _____

_____

3. _____

_____

4. _____

_____

5. _____

_____

Strutture

1. Passato remoto

In pratica

A. Verbi difficili ma utili. Completa la tabella con le forme verbali adatte.

ESEMPIO:

apparvi	apparisti	apparve	apparimmo	appariste	apparvero
1.					accesero
2.	avesti				
3. credei					
4.			dicemmo		
5.	fosti				
6.				faceste	
7.					parlarono
8.		rispose			

B. Il passato capovolto. In un film comico situato nel Medioevo è presentata una società in cui gli uomini e le donne decisero di scambiarsi i ruoli per un anno. Guarda i disegni basati sul film e completa le frasi mettendo i verbi adatti al *passato remoto*.

ESEMPIO:

In quell'anno...

Gli uomini *filarono;* le donne *uccisero* gli animali da mangiare.

Verbi: andare   eleggere   rimanere

badare   essere   spegnere

controllare   fare   tacere

discutere   filare (*to spin*)   uccidere

dovere   occuparsi

1. Gli uomini _____ ai piccoli; le donne _____ degli affari.

2. Le donne _____ i soldi; gli uomini _____ giustificare ogni spesa.

3. Gli uomini _____ da mangiare per tutti; poi _____ attentamente il fuoco quando avevano finito.

4. Le donne _____ le leader; gli uomini erano contenti di accettare quello che le loro mogli _____.

5. Gli uomini _____; le donne _____ i programmi e le leggi della società.

6. Le donne _____ in guerra; gli uomini _____ indietro a piangere e a preoccuparsi.

2. Gerundio e tempi progressivi

In pratica

A. Cosa stanno facendo? È una bella domenica di primavera. Da' un'occhiata al disegno e di' cosa stanno facendo queste persone. Usa le espressioni elencate.

ESEMPIO: Donatella sta dormendo insieme al cane Fulmine.

Espressioni: bere l'acqua   giocare a palla
                   dipingere dei quadri   praticare il karatè
                   dormire   prendere il sole
                   fare volare un aquilone (*kite*)   procurarsi una bella scottatura (*sunburn*)

1.   Chiara ha corso circa dieci chilometri; ora _____.

2.   Stefano e Gabriele _____ perché c'è una gara il fine settimana prossimo.

3.   Romolo _____ o, meglio,

     _____! È un vanitoso che non pensa ai pericoli dei raggi ultravioletti.

4.   I signori Marino sono in pensione; oggi tutti e due _____

     che regaleranno ai nipoti.

5.   Annuccia e il suo papà _____; il padre è molto

     impegnato durante la settimana e ci tiene molto a queste ore con la figlia.

6.   Ilaria e Lamberto _____; gli piace prendere l'aria fresca

     e muoversi un po'.

B. Interrogatorio. Cosa stavi facendo ieri alle seguenti ore? Sii franco/a e aggiungi dei particolari! Segui l'esempio.

ESEMPIO: alle 3.00 di notte →
Alle 3.00 di notte stavo dormendo con il televisore acceso!

1. alle 7.00 di mattina

_____

2. alle 10.30 di mattina

_____

3. a mezzogiorno

_____

4. alle 3.00 del pomeriggio

_____

5. alle 7.45 di sera

_____

6. alle 10.00 di sera

_____

7. a mezzanotte

_____

8. all'1.00 di notte

_____

C. I film. Riscrivi le frasi sostituendo una costruzione con il *gerundio* alle espressioni indicate.

ESEMPIO: *Dato che ho* già *visto* quel film, preferisco rimanere a casa che accompagnarti al cinema. → Avendo già visto quel film, preferisco rimanere a casa che accompagnarti al cinema.

1. *Poiché* me ne intendo dei film italiani, mi piace parlarne con i miei amici.

_____

2. Sabato scorso *mentre mangiavo* nel Roxbury Café, ho conosciuto Charlize Theron.

_____

3. *Col conoscerla* sono rimasta stupita dalla sua bellezza naturale.

_____

4. *Siccome* sono stata contraria alla carriera d'attrice di mia figlia, sono arrivata alla conclusione che sia meglio appoggiarla.

_____

5. *Benché* non reciti bene, quell'attore riesce sempre a trovare lavoro.

_____

3. Participio presente e passato

In pratica

Chi sono? Cosa sono? Leggi attentamente le informazioni, poi scrivi le parole definite. Usa i *participi presenti* dei verbi elencati.

ESEMPIO: il/la deputato/a → il/la rappresentante

Verbi: agire   credere   sorgere (*to spring*)

andare   insegnare   sorprendere

apparire   pulsare   stimolare

assistere   rappresentare

1. interessante, provocante: _____

2. religioso, praticante: _____

3. il maestro, la maestra: l'_____

4. singolare, inatteso: _____

5. in musica, tra il larghetto e il moderato: l'_____

6. la fonte, la vena: la _____

7. il bottone, il tasto (*key*): il _____

8. superficiale, manifesto: _____

9. il collaboratore, la collaboratrice: l'_____

10. l'intermediario, il commissionario: l'_____

4. Infinito

In pratica

A. I programmi di oggi. Adriana dà un'occhiata alla lista delle faccende da sbrigare (*finish off*). Fa' la sua parte e trasforma le frasi secondo l'esempio. Poi scrivi le frasi con i *pronomi* se possibile.

ESEMPIO: Passo dalla lavanderia. (ho intenzione) →

Ho intenzione di passare dalla lavanderia.

Ho intenzione di passarci.

1. Saluto gli ospiti di Anna. (voglio fermarmi)

_____

_____

2. Mi iscrivo al corso di Reiki. (ho bisogno)

_____

_____

3. Porto il cane dal veterinario. (ho promesso)

_____

_____

4. Faccio un'oretta di footing. (spero)

_____

_____

5. Scrivo la relazione sui film di Pasolini. (devo cominciare)

_____

_____

6. Leggo l'ultimo libro di John Grisham. (voglio finire)

_____

_____

7. Mi faccio fare la manicure. (vorrei passare)

_____

_____

8. Vedo il film per il corso di cinema. (devo andare)

_____

_____

B. **Una donna di oggi.** Alessia è una giovane donna della generazione Y. Completa le frasi con le *preposizioni* adatte.

ESEMPIO: Alessia non era disposta *a* rinunciare alle soddisfazioni professionali.

1. Quando era giovane, ha deciso _____ diventare avvocatessa.

2. Ha cominciato _____ fare dei lavori in uno studio di avvocato a 19 anni, quando era ancora all'università.

3. Era disposta _____ difendere qualsiasi causa (*case*).

4. Non era facile _____ fare, con un programma di studi molto impegnativo, ma per Alessia, questo era il modo migliore _____ assicurarsi dei rapporti (*connections*) d'affari.

5. Sua madre era molto preoccupata. «Finirai _____ rovinarti la salute», le diceva.

6. «Non fai altro che lavorare. Devi stare attenta _____ non avere rimpianti (*regrets*)».

7. Ma Alessia si era decisa _____ fare sacrifici per la carriera.

8. Poco dopo l'università, è stata invitata _____ lavorare per l'Unione Europea, a Bruxelles.

9. Alessia era molto contenta _____ accettare il posto, anche se era obbligata quasi _____ ammazzarsi di lavoro.

10. _____ passare del tempo, però, si domandava se avesse fatto bene _____ darsi tanto da fare.

(continued)

11. «Ho 33 anni, non esco quasi mai, non ho una famiglia. Non so se me la sento _____ andare avanti così».

12. «D'altra parte, però, anche oggi poche donne riescono _____ arrivare dove sono arrivata io. Chissà se non ho fatto bene dopo tutto».

C. **Dalla psicologa.** Gianfrancesco si sfoga (*unburdens himself*). Riscrivi le sue frasi usando i *pronomi*.

ESEMPIO: Ho paura di aver offeso gli amici. → Ho paura di averli offesi.

1. Mi pento di essere andato a quella festa.

   _____

2. Penso di aver detto tante cose stupide.

   _____

3. Ho fatto male ad aver preso in giro la ragazza di Romolo.

   _____

4. Credo di aver insultato i miei ospiti.

   _____

5. Mi dispiace di aver raccontato i fatti di Piera a tutti.

   _____

6. Credo di aver parlato abbastanza di quest'affare.

   _____

Precisiamo!

TO FIGHT

- **litigare, bisticciare, bisticciarsi** *to fight* (*to quarrel*)

Tu e Daniela avete litigato di nuovo?	*Have you and Daniela had another fight?*
Marco? Non me ne parlare. Abbiamo bisticciato.	*Marco? I don't want to hear about him. We had a fight.*
Si sono bisticciati, ma dopo hanno fatto la pace.	*They had a fight, but they made up afterwards.*

- **fare a pugni, venire alle mani, azzuffarsi** *to fight* (*to come to blows*)

È uno che fa a pugni invece di ragionare.	*He's the type to fight rather than reason things out.*
Quei due finiranno per venire alle mani.	*Those two will end up coming to blows.*
I miei gatti si azzuffano ogni tanto.	*My cats fight once in a while.*

CASUAL

- **sportivo** *casual* (*of clothing*)

  È sempre in jeans; ha un'aria sportiva.

  He's always in jeans; he has a casual look.

- **indifferente, con indifferenza** *casual* (*showing little concern*)

  Ha fatto l'indifferente quando ha sentito la notizia.

  She tried to look casual when she heard the news.

  «Eccolo qui; guardate con qual indifferenza se ne viene». —Mozart–Da Ponte, *Don Giovanni*

  "Here he is; look how casually he's approaching." —Mozart–Da Ponte, Don Giovanni

- **disinvolto, con disinvoltura** *casual* (*free, not self-conscious*)

  È un tipo disinvolto; non lo turba niente.

  He's a pretty casual guy; nothing fazes him.

  Tutto questo me l'ha detto con una grande disinvoltura.

  He told me all this very casually.

- **casuale** *accidental, chance (adj.);* **per caso** *by chance*

  È stato un incontro casuale.

  It was an accidental meeting.

  L'ho incontrato per caso, in via dei Cerchi.

  I met him by chance, in via dei Cerchi.

A. Quale espressione? Leggi attentamente le frasi, poi completale scegliendo le espressioni adatte.

1. Giordano mi piace, è molto (disinvolto / indifferente), ma a volte manca di rispetto verso gli altri.
2. Dopo la partita di calcio molti tifosi (*fans*) si sono (azzuffati / bisticciati) dietro lo stadio; la polizia ne ha arrestati una ventina.
3. Mia sorella ed io abbiamo (bisticciato / fatto a pugni) tante volte, ma le voglio bene.
4. Non me l'aspettavo; è stata un'occasione (casuale / disinvolta).
5. Quei ragazzi (sono venuti alle mani / hanno bisticciato) per un malinteso (*misunderstanding*); uno si è fatto veramente male.
6. Non mi piace quella giacca; preferisco uno stile più (indifferente / sportivo).
7. Roberto è un po' giù oggi perché (ha litigato / si è azzuffato) con l'amica.
8. Ragazzi, non bisogna (fare a pugni / bisticciare); non si risolve nulla attraverso la forza.
9. Me l'ha detto (con indifferenza / per caso), ma si vedeva che era molto commossa.
10. Quel libro che cercavo da mesi, l'ho trovato (con disinvoltura / per caso) in una bancarella (*booth*) al mercato.

B. Ora tocca a te! Usa ognuna delle espressioni elencate qui sopra in una tua frase originale. Usa un altro foglio.

Autovalutazione

A. Passato remoto. Completa le frasi con la forma corretta del *passato remoto*.

1. Quando uscì il film *La dolce vita* di Federico Fellini, _____ (fare) molto scalpore (*noise*).

2. Fellini _____ (scrivere) la sceneggiatura di un episodio del film *Paisà* di Roberto Rossellini.

3. I film di Fellini _____ (piacere) molto alla critica francese.

4. Appena Marcello Mastroianni _____ (leggere) la sceneggiatura di *8½*, _____ (dire) che gli piaceva moltissimo.

5. Da giovane Fellini _____ (trasferirsi) da Rimini a Roma.

B. Gerundio. Riscrivi le frasi sostituendo la parte sottolineata con il *gerundio* senza alterarne il significato.

1. <u>Dato che</u> il film <u>si svolge</u> a Casablanca il regista ha deciso di andare in Marocco per un sopralluogo.

   _____

   _____

2. <u>Poiché non ci sono</u> abbastanza comparse (*extras*) il film non può iniziare oggi.

   _____

   _____

3. <u>Mentre Fellini passeggiava</u> a Roma, gli è venuta l'idea per il suo nuovo film.

   _____

   _____

4. <u>Sebbene ci siano</u> molti giovani registi, i produttori hanno paura di rischiare i loro soldi con registi sconosciuti.

   _____

   _____

5. <u>Dopo aver letto</u> la critica del suo ultimo film Fellini ha detto: «Questi critici non capiscono nulla!»

   _____

   _____

C. Infinito. Completa le seguenti frasi con la parte suggerita fra parentesi.

ESEMPIO: Vado in biblioteca oggi pomeriggio. (Ho bisogno) →
Ho bisogno *di andare* in biblioteca oggi pomeriggio.

1. Vado al cinema con Simona. (Ho promesso)

   _____

2. Incontro quel giovane regista per un'intervista. (Spero)

   _____

3. Guardo tutti i film di Antonioni. (Voglio)

   _____

4. Visito Cinecittà oggi pomeriggio. (Mi interessa)

   _____

APRITE LE ORECCHIE! 🎧

Lessico ed espressioni comunicative

Vocabolario attivo

A. Da scegliere. Sentirai una serie di espressioni. Ascolta attentamente, poi dalla lista che segue scegli l'espressione corretta che si collega logicamente con la parola che hai sentito. Sentirai le risposte giuste alla fine dell'esercizio.

ESEMPIO: aeroporto, biglietto → volo

1. _____   a. l'impegno
              b. la corsa
2. _____   c. l'aliscafo
              d. il molo
3. _____

4. _____

B. Da riempire. Ascolta attentamente il breve brano e riempi le parti mancanti. Le risposte si trovano alla fine del *Manuale di esercizi*.

Alcuni pensano che Alex sia il tipico studente _____,[1] che ogni tanto studia ma che

in sostanza non fa mai niente di importante. Il padre pensa che lui _____[2] la sua

vita senza alcuna meta importante, che _____[3] i suoi doveri in modo molto

superficiale e che non _____[4] di quale sono i veri problemi della

vita. Ogni volta che lui cerca di parlare a Alex, quest'ultimo cerca di cambiare discorso

_____.[5] Secondo il padre Alex è un irresponsabile, viziato dalla

madre e dalla società contemporanea che non dà mai delle serie responsabilità ai giovani.

Il padre crede che Alex non capisca che mandarlo all'università è costato alla sua famiglia

_____.[6] Alex si difende dicendo che il padre è troppo

_____[7] e che non capisce per niente il mondo in cui vive.

Strutture

1. Passato remoto

A. Trasformazioni. Volgi i verbi che senti dal *singolare* al *plurale* o viceversa. Ripeti le risposte giuste.

> ESEMPI: andai → andammo
>
> prese → presero

1. ... 2. ... 3. ... 4. ... 5. ... 6. ... 7. ... 8. ... 9. ... 10. ...

B. Il cinema neorealista. Volgi le frasi che senti al *passato remoto.* Dopo una breve pausa sentirai la risposta giusta.

> ESEMPIO: Il «neorealismo» è nato alla fine degli anni quaranta. →
>
> Il «neorealismo» nacque alla fine degli anni quaranta.

1. ... 2. ... 3. ... 4. ... 5. ...

2. Gerundio e tempi progressivi

A. Che si fa? Barbara telefona agli amici, e li trova tutti occupati. Fa' la parte degli amici e parafrasa quello che si dice secondo l'esempio. Dopo una breve pausa sentirai la risposta giusta.

> ESEMPIO: Scrivo la relazione sui film di Antonioni. →
>
> Sto scrivendo la relazione sui film di Antonioni.

1. ... 2. ... 3. ... 4. ... 5. ...

B. Roba di tutti i giorni. Gianfrancesco parla di ciò che gli è capitato oggi. Parafrasa quello che dice aggiungendo il *gerundio* alle espressioni che vedi. Dopo una breve pausa sentirai la risposta giusta.

> ESEMPIO: Mentre uscivo di casa ho visto le mie vicine. (...ho visto le mie vicine.) →
>
> Uscendo di casa ho visto le mie vicine.

1. ...le ho invitate alla festa.
2. ...non ho risposto bene alla lezione di chimica.
3. ...sono tornato a casa a riposarmi.
4. ...ho potuto studiare la sera.
5. ...sono andato a letto presto.

3. Participio presente e passato

Definizioni. Ascolta le brevi definizioni. Poi indica le parole definite: sono *participi presenti* dei seguenti verbi. Dopo una breve pausa sentirai la risposta giusta.

> ESEMPIO: diverso, dissimile → differente

Verbi: ardere   penetrare   tremare

differire   sorridere   ubbidire

lucere

1. ... 2. ... 3. ... 4. ... 5. ... 6. ...

4. Infinito

Un film mistero. Gianpaolo racconta al suo amico Piero la trama di un film appena visto in cui sono successe delle cose strane. Ascolta attentamente quello che dice, poi modifica le frasi usando le espressioni elencate. Dopo una breve pausa sentirai la risposta giusta.

ESEMPIO: Il protagonista principale ha sbagliato strada. (Aveva paura...) →
Aveva paura di aver sbagliato strada.

1. Si è fermato...
2. Si era deciso...
3. Credeva...
4. Aveva intenzione...
5. È riuscito...
6. Si è accorto...

Ascoltiamo!

Ciak Racconta. *Ciak* è un mensile italiano dedicato al cinema internazionale. Sentirai un servizio di *Ciak* su un film italiano, *Perdiamoci di vista*. Prima ferma l'audio e da' un'occhiata al **Vocabolario utile**. Poi ascolta attentamente, più volte se necessario. Indica se le affermazioni sono vere o false. Sentirai le risposte giuste alla fine dell'esercizio.

Vocabolario utile:
il prossimo *fellow man*   bieco *sinister*
sbugiardare *to unmask*   la fanciulla *young woman*
l'ingaggio (*professional*) *engagement*   inconsueto *unusual*
a lieto fine *with a happy ending*

Vero o falso?

1. Gepy Fuxas, il protagonista del film, è un conduttore televisivo.   V   F
2. Fuxas finisce per innamorarsi di una ragazza handicappata.   V   F
3. Evidentemente, si tratta di una storia a lieto fine.   V   F
4. Il regista Carlo Verdone è nato a Napoli.   V   F
5. Verdone ha spesso recitato nei propri film.   V   F
6. Un film di Verdone è intitolato *Io e mia sorella*.   V   F
7. I film italiani che trattano di televisione sono molti.   V   F
8. L'attrice Asia Argento, per prepararsi, si è incontrata con alcuni paraplegici.   V   F

Capitolo 12   Lo spazio privato

PRENDETE PENNA E CALAMAIO!

Lessico ed espressioni comunicative

Vocabolario attivo

A. Antonimi. Tra i vocaboli elencati, scegli quello che ha il significato contrario alle espressioni date.

ESEMPIO: l'invadenza   l'indiscrezione   l'indelicatezza   (la discrezione)

1. il branzino   le cappesante   la rondine   il pesce spada
2. ciarliero   taciturno   loquace   chiacchierone
3. seghettato   dentellato   frastagliato   diritto
4. meravigliare   colpire   stupire   non impressionare
5. fare baldoria   annoiarsi   celebrare   festeggiare
6. essere felicissimo essere al settimo cielo essere triste   essere estatico
7. neppure   anche   neanche   nemmeno
8. essere di premura avere premura   avere fretta   attardarsi

B. Mini-dialoghi. Completa le frasi seguenti consultando il **Lessico ed espressioni comunicative.**

1. —Alex, il tassista che ci ha portati ad Anacapri non ci ha fatto pagare troppo. Hai preso il suo

   _____? Lo chiameremo senz'altro.

   —Sì, l'ho preso. Sbrighiamoci alla spiaggia, voglio farmi _____, fa così caldo

   che sono tutto _____. Inoltre, non era facile _____ il molo con

   questi valigioni.

2. —Lele, devo confessare che sono rimasto _____ dalla bellezza del paesaggio.

   Tutto è idillico e calmo, non siamo più _____ dal traffico della città.

   —Hai ragione, basta _____ alla finestra e guardare il sole _____

   per sentirsi felici.

3. —Cosa ha detto il tassista? Chi _____ la Pensione Rosa?

   —Credo che sia suo cognato. Sai dove si trova?

   —Non è _____ come il Grand Hotel Bristol; mi pare che si trovi

   _____ al molo degli aliscafi.

   —E, va be'. Di sicuro è economico e non dobbiamo _____ soldi dalla banca.

   Quelli che abbiamo ci bastano.

Strutture

1. Trapassato prossimo e remoto

In pratica

A. Già fatto. Laura chiede agli amici perché non hanno fatto queste cose in Italia; loro rispondono che le avevano già fatte l'altra volta. Prendi la loro parte e rispondi alle domande. Usa i pronomi quando possibile.

ESEMPIO: —Come mai non avete visitato la Pinacoteca di Brera? →
—L'avevamo già visitata l'altra volta.

1. —Jill, come mai non sei andata a Mantova?

    —_____

2. —Perché non avete provato i biscotti con il Vin Santo (*sweet wine*)?

    —_____

3. —Bob, come mai non ti sei fermato a Pisa?

    —_____

4. —Jill, perché non ti sei comprata un foulard di Gucci?

    —_____

5. —Perché non avete visitato le catacombe?

    —_____

6. —Bob, perché non hai visto un'opera all'arena di Verona?

    —_____

B. Una fiaba. Storia di una principessa. Leggi attentamente le frasi, poi completale mettendo i verbi tra parentesi al *passato remoto* o al *trapassato remoto,* secondo il caso.

ESEMPIO: Appena *fu nata* la principessa, tutti *si meravigliarono* della sua bellezza.

Quando (lei) _____[1] (crescere), molti principi di paesi lontani

_____[2] (domandare) la sua mano. Lei, però, li

_____[3] (rifiutare) tutti. Il principe Francesco, però,

_____[4] (giurare) di non allontanarsi da quel reame (*realm*) finché lei non

gli avesse concesso la sua mano. Quando i servi lo _____[5] (dire) alla

principessa, _____[6] (mettersi) a ridere. Poi _____[7]

(riguardare) il giovane, e dopo che ci _____[8] (pensare), gli

_____[9] (proporre) una sfida (*challenge*).

Come finisce la fiaba? Completala tu, adoperando il *passato remoto* e il *trapassato remoto.*

_____

_____

_____

_____

2. *Fare* + infinito

In pratica

A. **La vita di una manager.** La signora Bossi era un tipo «fai da te», ma ora ha un lavoro molto impegnativo e deve delegare agli altri. Di' quello che fa fare secondo l'esempio.

ESEMPIO: Prima imbucava le lettere. (sua figlia) → Ora le fa imbucare a sua figlia.

1. Prima preparava la cena. (suo marito)

   _____

2. Prima faceva il bucato. (la domestica)

   _____

3. Prima lavava il cane. (le sue figlie)

   _____

4. Prima accompagnava le figlie a scuola. (suo marito)

   _____

5. Prima si faceva la manicure. (l'estetista)

   _____

6. Prima si stirava i vestiti. (la tintoria [*dry cleaner*])

   _____

B. **Un tipo in gamba.** Alberto abita con un gruppo di amici; è lui, però, che organizza la casa. Di' quello che ha fatto fare oggi. Riscrivi le frasi secondo l'esempio.

ESEMPIO: Ho fatto pulire il frigo a Daniela. → Gliel'ho fatto pulire.

1. Ho fatto passare l'aspirapolvere (*m.*) a Massimo.

   _____

2. Ho fatto tagliare l'erba a voi due.

   _____

3. Ho fatto pagare le bollette a Laura.

   _____

4. Ho fatto comprare la frutta a te.

   _____

5. Ho fatto lavare i piatti a Massimo e Laura.

   _____

6. Ho fatto verniciare (*paint*) le sedie a voi due.

   _____

C. Domande personali. Rispondi alle domande secondo le tue opinioni ed esperienze personali. Usa i pronomi quando possibile e aggiungi dei particolari.

> ESEMPIO: Quante volte all'anno ti fai pulire i denti? →
>
> Me li faccio pulire due volte all'anno / a gennaio e a giugno.

1. Cosa ti sei fatto/a riparare recentemente?

   _____

   _____

2. Da chi ti sei fatto/a tagliare i capelli l'ultima volta?

   _____

   _____

3. Quando eri piccolo/a, i genitori ti facevano fare delle cose che detestavi? Quali?

   _____

   _____

4. E ora, chi ti fa fare qualcosa che detesti? Che cos'è?

   _____

   _____

5. Da chi, in genere, ti fai prestare le cose?

   _____

   _____

3. *Lasciare* + infinito

In pratica

A. Padre padrone. Il signor Fini è un padre all'antica, molto autoritario. Di' due volte quello che non lascia fare ai figli secondo gli esempi.

> ESEMPI: fumare / suo figlio →   frequentare i ragazzi / la sua figlia minore →
>
> Non lascia fumare suo figlio.   Non lascia frequentare i ragazzi alla sua figlia minore.
>
> Non gli permette di fumare.   Non le permette di frequentare i ragazzi.

1. guidare la macchina / i suoi figli

   _____

   _____

2. andare in vacanza con gli amici / suo figlio

   _____

   _____

3. frequentare l'accademia di belle arti / la sua figlia maggiore

   _____

   _____

4. mettere il rossetto (*lipstick*) / le sue figlie

    _____

    _____

5. andare al cinema da sola / la sua figlia minore

    _____

    _____

6. comprare la moto / suo figlio

    _____

    _____

B. Una professoressa ragionevole. Daniela parla di una sua professoressa, severa ma ragionevole. Parafrasa quello che dice secondo l'esempio.

ESEMPIO: Ci ha lasciato usare i registratori. → Ce li ha lasciati usare.

1. Ci ha lasciato registrare le conferenze.

    _____

2. Ci ha lasciato rimandare (*postpone*) l'esame una volta.

    _____

3. Non ci ha lasciato consegnare i compiti in ritardo.

    _____

4. Ci ha lasciato portare una bevanda a lezione.

    _____

5. Ci ha lasciato usare i computer all'esame.

    _____

6. Non ci ha lasciato usare gli appunti.

    _____

C. Domande personali. Di' quello che i genitori ti lasciavano e non ti lasciavano fare a queste età. Segui l'esempio.

ESEMPIO: cinque anni → Quando avevo cinque anni i genitori mi lasciavano guardare «Sesame Street», ma non mi lasciavano guardare i programmi che piacevano loro.

1. cinque anni

    _____

    _____

2. dieci anni

    _____

    _____

(*continued*)

3. tredici anni

_____

_____

4. diciassette anni

_____

_____

4. Verbi di percezione + infinito

In pratica

A. Al parco. Oggi Gianfranco si è sdraiato sotto un albero ad osservare il mondo. Parafrasa quello che dice secondo l'esempio.

ESEMPIO: Ho sentito strillare (*cry*) i bambini. → Ho sentito i bambini che strillavano.

1. Ho visto abbracciarsi gli innamorati.

_____

2. Ho guardato una ragazza praticare il T'ai Chi.

_____

3. Ho sentito suonare i giovani musicisti.

_____

4. Ho osservato un vecchio signore dipingere il paesaggio.

_____

5. Ho visto correre molta gente.

_____

6. Ho sentito cantare gli uccelli.

_____

B. Sempre al parco. Ora parafrasa le frasi originali di Gianfranco usando i pronomi quando possibile.

ESEMPIO: Ho sentito strillare i bambini. → Li ho sentiti strillare.

1. _____

2. _____

3. _____

4. _____

5. _____

6. _____

C. Cosa si sente? Cosa si sente (vede, ascolta) fare in questi ambienti? Elenca almeno tre cose o persone per ogni luogo. Segui l'esempio.

ESEMPIO: a lezione d'italiano →

Si sente chiacchierare la gente.

Si vedono i ragazzi che prendono appunti.

Si ascolta l'insegnante che parla ad alta voce.

1. nel campus della tua università

_____

_____

_____

2. sulla strada principale della tua città

_____

_____

_____

3. in biblioteca

_____

_____

_____

4. dalla finestra di camera tua

_____

_____

_____

5. Suffissi

In practica

A. Definizioni. Definisci in italiano le seguenti espressioni.

ESEMPIO: un bicchierino → un bicchiere molto piccolo

1. un ragazzaccio _____

2. grassoccio _____

3. una ragazzina _____

4. dolciastro _____

5. un giretto _____

6. maluccio _____

7. un affarone _____

8. benone _____

9. una parolaccia _____

B. Mini-dialoghi. Completa i brevi scambi con le forme adatte delle espressioni dell'esercizio A.

1. —Il colloquio, com'è andato?

    —_____. Mi hanno offerto il lavoro!

2. —Il tuo collega parla bene italiano?

    —Veramente lo parla _____, ma è molto simpatico!

3. —Dieci anni fa hanno preso la casa di campagna per niente; l'hanno appena venduta a

    600 mila euro.

    —Beati loro. È stato un _____!

4. —Quegli schifosi mi hanno rotto di nuovo il finestrino. Che vadano—

    —Attenzione! Non dire _____ davanti ai bambini.

5. —Quelle caramelle, come sono?

    —Roba _____. Sono proprio disgustose.

6. —Cos'hai fatto oggi pomeriggio?

    —Niente di particolare. Ho fatto un _____ in centro e mi sono

    comprata qualche rivista.

7. —Ho visto il piccolo Nino che piangeva. Che è successo?

    —Mah, qualche _____ a scuola l'ha preso in giro, poverino.

8. —I gemelli (*twins*), come sono?

    —_____ e chiacchieroni. Non sembrano avere solo un anno!

9. —Com'è cambiata Mirella! Così seria e riservata.

    —Lo so. Non è più una _____.

Precisiamo!

TO KEEP	
• **tenere** *to keep (in most senses), to hold*	
Mi volete tenere un posto?	*Will you keep a seat for me?*
Tengo i CD in un armadietto.	*I keep my CDs in a little cabinet.*
• **tenere in piedi (sveglio)** *to keep (someone) awake*	
La bambina ci ha tenuto in piedi / svegli tutta la notte.	*The baby kept us up all night.*
• **tenersi in contatto con** *to keep in touch with*	
La professoressa Zilli? Sì, mi tengo in contatto con lei.	*Professor Zilli? Yes, I stay in touch with her.*

- **impedire** *to keep from* (*prevent*)

  Lo sciopero dei treni ci ha impedito di andare.

  The train strike kept us from going.

- **nascondere** *to keep from* (*hide*)

  Marco non mi nasconde niente; è una persona franca.

  Marco doesn't keep anything from me; he's an open person.

- **trattenere (a lungo)** *to keep* (*detain*) *someone* (*for long*)

  È stato gentilissimo; non mi ha trattenuto a lungo.

  He was very nice; he didn't keep me long.

- **celebrare, osservare** *to keep* (*observe*) *a holiday, feast*

  È nato il 29 febbraio; di solito celebra il compleanno il 1° marzo.

  He was born on the 29th of February; he usually celebrates his birthday on March 1st.

  I miei nonni osservano sempre le feste comandate.

  My grandparents always keep the Sabbath.

TO HEAR

- **sentire** *to hear* (*in most senses*)

  Hai sentito l'ultima?

  Have you heard the latest?

- **sentire parlare di** *to hear of*

  Roberto Benigni? Ne ho sentito parlare.

  Roberto Benigni? I've heard of him.

- **sentire dire che** *to hear* (*gain knowledge of*)

  Ho sentito dire che Patrizia se ne va a Berlino.

  I've heard that Patrizia is taking off for Berlin.

- **ricevere (avere) notizie da** *to hear from*

  È un anno che non ricevo / ho notizie da Cristina.

  It's been a year since I've heard from Cristina.

A. Come si dice? Completa le frasi con le forme adatte delle espressioni elencate in **Precisiamo!**

1. I nostri vicini di casa hanno dato una festa ieri; il baccano (*uproar*) ci

   _____ fino alle quattro.

2. (Io) _____ di Umberto Saba. Mi piacerebbe leggere qualche sua

   poesia.

3. I genitori gli volevano _____ di frequentare l'accademia di belle arti;

   così se n'è andato a Parigi e non è più tornato.

4. Tu sai che sarà impossibile _____ la verità.

5. Non _____ da Anna da molto; mi domando cosa stia facendo.

(*continued*)

6. Quell'antipatico del mio capo mi _____ in ufficio fino alle dieci.

7. Avrei fatto bene a _____ con il professor Lazzeri; ora mi serve una lettera di raccomandazione.

8. L'anno prossimo (noi) _____ il Natale a casa dei miei suoceri.

9. Non si potrebbe _____ la finestra aperta? Si soffoca qui.

10. Kanye West? (Io) _____ che vuole comprarsi una squadra di basket. Che pazzia!

B. **Ora tocca a te!** Adopera ognuna delle espressioni elencate qui sopra in una tua frase originale. Usa un altro foglio.

Autovalutazione

A. **Trapassato prossimo.** Rispondi alle domande usando il *trapassato prossimo* con l'espressione suggerita.

> ESEMPIO: Come mai non hai mangiato? (dopo la scuola) →
> Perché avevo già mangiato dopo la scuola.

1. Perché non hai detto a tua padre che vuoi uscire di casa? (la settimana scorsa)

_____.

2. Come mai non sei andato in vacanza con i tuoi genitori? (l'anno scorso)

_____.

3. Perché non dici ai tuoi genitori quello che pensi di loro? (molti anni fa)

_____.

B. **Fare + infinito.** Continua le frasi in modo logico usando la struttura con il verbo *fare* + *infinito*. Segui l'esempio.

> ESEMPIO: Adesso non lavo più la macchina, *la faccio lavare* al mio fratellino.

1. Da qualche tempo non stiro più le camicie di mio figlio, le _____.

2. Dall'anno scorso non pago più le bollette dell'elettricità, le _____.

3. Da quando mi sono sposata non faccio più da mangiare, lo _____.

C. **Lasciare + infinito.** Completa le frasi usando la struttura *lasciare* + *infinito*. Segui l'esempio.

> ESEMPIO: Voglio prendere un gatto, ma mia madre non *mi lascia prendere* un gatto.

1. Voglio uscire ogni sera, ma mio padre _____.

2. Io e mio fratello vogliamo andare in vacanza da soli, ma i nostri genitori

_____.

3. Il professore è molto severo con gli studenti, non li _____ il dizionario.

APRITE LE ORECCHIE! 🎧

Lessico ed espressioni comunicative

Vocabolario attivo

A. Da scegliere. Ascolta le seguenti definizioni e poi scegli la parola che si adatta alla descrizione. Non tutte le parole vengono usate. Sentirai le risposte giuste alla fine dell'esercizio.

1. _____
2. _____
3. _____
4. _____
5. _____

   a. il pesce spada
   b. il tuffo
   c. il biglietto da visita
   d. il casino
   e. il branzino
   f. l'invadenza
   g. la rondine

B. Mini-dialoghi. Ascolta questi mini-dialoghi e poi rispondi alle domande. Sentirai le risposte giuste alla fine dell'esercizio.

1. ...   2. ...   3. ...

C. Contrari. Ascolta le brevi frasi e poi trova l'opposto dell'*aggettivo* o del *verbo* espresso. Sentirai le risposte giuste alla fine dell'esercizio.

1. _____
2. _____
3. _____
4. _____
5. _____

Strutture

1. Trapassato prossimo e remoto

A. Già fatto. La madre domanda; Gilda risponde. Fa' la parte di Gilda e rispondi alle domande secondo l'esempio. Usa i pronomi. Dopo una breve pausa sentirai la risposta giusta.

ESEMPIO: Perché non hai apparecchiato la tavola? → Perché l'avevo già apparecchiata.

1. ...   2. ...   3. ...   4. ...   5. ...

B. Trasformazioni. Volgi i verbi che senti dal *trapassato prossimo* al *trapassato remoto*. Dopo una breve pausa sentirai la risposta giusta.

ESEMPIO: avevo fatto → ebbi fatto

1. ...   2. ...   3. ...   4. ...   5. ...   6. ...

2. *Fare* + infinito

A. Gli yuppies. Linda e Michele sono degli yuppies; fanno fare proprio tutto ad altri. Ascolta attentamente le frasi, poi completale secondo l'esempio, usando i pronomi. Dopo una breve pausa sentirai la risposta giusta.

ESEMPIO: Linda non fa il bucato. → Lo fa fare.

1. ...   2. ...   3. ...   4. ...   5. ...

B.   In ufficio. La signora de Marchi ha un posto importante nel suo ufficio; parla di varie cose che ha fatto fare oggi. Parafrasa quello che dice usando i *pronomi*. Usa le informazioni indicate. Dopo una breve pausa sentirai la risposta giusta.

> ESEMPIO: Ho fatto battere i fax alla segretaria. (i fax alla segretaria) →
> Glieli ho fatti battere.

1. le lettere al mio assistente
2. i pacchi alla segretaria
3. il computer al tecnico
4. la relazione agli altri
5. le fotocopie alla segretaria

C.   Bellezza e benessere. Beatrice ha preso qualche giorno di vacanza e si è fatta fare varie cose. L'amica le chiede da chi. Fa' la parte di Beatrice e rispondi usando le informazioni elencate. Dopo una breve pausa sentirai la risposta giusta.

> ESEMPIO: Da chi ti sei fatta fare la permanente? (Raoul) →
> Me la sono fatta fare da Raoul.

1. Françoise
2. la sensitiva (*medium*) Yolanda
3. dietologo
4. Lidia
5. la dottoressa Gigli

3. *Lasciare* + infinito

A.   Un padre di oggi. Il signor Cecchi spiega le regole di casa sua. Parafrasa quello che dice usando i pronomi. Dopo una breve pausa sentirai la risposta giusta.

> ESEMPI: Lascio uscire mia figlia. → La lascio uscire.
> Non le lascio mettere il fard (*blush*). → Non glielo lascio mettere.

1. …   2. …   3. …   4. …   5. …   6. …

B.   I genitori di Franco. Franco frequenta il liceo; parla di quello che i genitori gli lasciano e non gli lasciano fare. Parafrasa quello che dice usando **permettere.** Dopo una breve pausa sentirai la risposta giusta.

> ESEMPIO: Mi lasciano andare in moto. → Mi permettono di andare in moto.

1. …   2. …   3. …   4. …   5. …

C.   Domande personali. Rispondi alle domande secondo le tue opinioni ed esperienze personali. Aggiungi dei particolari. Dopo una breve pausa sentirai una possibile risposta giusta.

> ESEMPIO: Quando avevi cinque anni, i genitori ti lasciavano bere la Coca-Cola? →
> Sì, me la lasciavano bere, ma solo quando si faceva un picnic.

1. …   2. …   3. …   4. …   5. …

4. Verbi di percezione + infinito

A.   Le attività del giorno. Daniele guarda fuori dalla finestra. Cosa vede? Cosa sente? Guarda il disegno e usa le espressioni elencate. Ripeti le risposte giuste.

ESEMPIO: 1.   la ragazzina / saltare alla corda → Vedo la ragazzina che salta alla corda.

2.   la gente / suonare il clacson (*car horn*)
3.   le persone / aspettare l'autobus
4.   i ragazzini / gridare
5.   il negoziante / invitare la gente a comprare
6.   una bella ragazza / salutarmi

B.   Domande personali. Prima ferma l'audio e da' un'occhiata alla vignetta. Rispondi alla prima domanda, poi rispondi alle domande secondo le tue opinioni ed esperienze personali. Usa la costruzione **guardare** (**sentire,** eccetera) + infinito. Dopo una breve pausa sentirai delle possibili risposte giuste.

MiniRelax

1. …   2. …   3. …   4. …   5. …

5. Suffissi

Come sono? Ascolta attentamente le descrizioni, poi rispondi alle domande usando le espressioni elencate qui sotto. Non tutte le espressioni vengono usate. Dopo una breve pausa sentirai la risposta giusta.

> ESEMPIO: Povero Luca! Non canta molto bene, ma mi piace perché è simpatico.
>
> Come canta Luca? → Canta maluccio.

Espressioni:

benino	un lavoretto	maluccio
benone	una macchinetta	le parolacce
un cattivaccio	un macchinone	le paroline d'amore
un lavoraccio		

1. ... 2. ... 3. ... 4. ... 5. ...

Ascoltiamo!

Rave. Ascolta attentamente il breve brano e poi indica se le affermazioni sono vere o false. Sentirai le risposte giuste alla fine dell'esercizio.

Vero o falso?

1. Quando l'autore non gioca a pallacanestro va ai rave.   V   F
2. I rave sono illegali perché ci sono molte sostanze stupefacenti.   V   F
3. La polizia fa molti arresti ai rave.   V   F
4. Di solito iniziano alla sera e finiscono al mattino dopo.   V   F
5. I fascisti non sono ammessi ai rave.   V   F

Answer Key

CAPITOLO INTRODUTTIVO

PRENDETE PENNA E CALAMAIO!

Lessico ed espressioni comunicative

Vocabolario attivo 1. mammone **2.** il commerciante; agiata; un ufficiale nella marina di passaggio **3.** goloso; per certi versi **4.** abulico; espulso **5.** bensì; una sconfitta

Strutture 1. Pronomi personali soggetto A. 1. lui **2.** loro **3.** lei **4.** loro **5.** lei **6.** loro **B. 1.** tu **2.** voi **3.** Lei **4.** voi **5.** tu **6.** Loro **C. 1.** —, Io **2.** noi, —, io **3.** Lui, lei **4.** —, tu, io, —

2. Presente indicativo dei verbi *essere, avere* **e** *chiamarsi* **A. 1.** mi chiamo **2.** sono **3.** ho **4.** è **5.** siamo **6.** hanno **7.** sono **8.** si chiama **9.** è **10.** si chiama **11.** ha **12.** si chiamano **13.** hanno **14.** è **15.** è **16.** è **17.** ha **18.** sono **19.** abbiamo **20.** si chiama **21.** siamo **B. 1.** sono, Hai **2.** Hai, è **3.** Hai, è, È **4.** Sei, hai, hai **5.** Hai, avere

3. Ora, giorni, mesi, anni e secoli A. (1.) **1.** gennaio **2.** marzo **3.** maggio **4.** luglio **5.** agosto **6.** ottobre **7.** dicembre **8.** febbraio (2.) **1.** secolo **2.** Ottocento **3.** dal **4.** al **5.** nel **6.** secolo (3.) **1.** nel **2.** nel **3.** nel **4.** del (4.) **1.** il primo **2.** il quattro **3.** il venticinque (5.) **1.** venerdì **2.** lunedì **3.** martedì **4.** giovedì (6.) **1.** settembre **2.** ottobre **3.** novembre **4.** dicembre **B.** *Answers will vary.* **1.** Sono le dieci e cinquantacinque di mattina. Sono le undici meno cinque di mattina. **2.** Sono le dodici e quarantacinque del pomeriggio. È l'una meno un quarto del pomeriggio. **3.** Sono le tre e quaranta del pomeriggio. Sono le quattro meno venti del pomeriggio. **4.** Sono le otto e mezza di sera. Sono le otto e trenta di sera. **5.** Sono le dodici e cinque di notte. È mezzanotte e cinque. **6.** Sono le tre e cinquanta di notte. Sono le quattro meno dieci di notte. **C. 1.** volta **2.** volta **3.** ora **4.** tempo **5.** tempi **6.** volte **7.** volta **D.** *Answers to the questions will vary.* **1.** A che ora ti alzi? **2.** A che ora ti rechi all'università? **3.** A che ora pranzi? **4.** A che ora vai in palestra? **5.** A che ora torni a casa? **6.** A che ora ti addormenti? (*Answer will vary.*)

4. Tempo e stagioni A. 1. e **2.** f **3.** a **4.** h **5.** c **6.** g **7.** d **8.** b **B. 1.** In genere, sarà nuvoloso con temporali. **2.** Nell'Italia meridionale farà bello. **3.** In genere, aumentano questo fine settimana. **4.** Firenze, in Toscana; Cagliari, in Sardegna; Pisa, in Toscana; Roma Urbe, nel Lazio. **5.** Buenos Aires e Sydney si trovano nell'emisfero australe. **C.** *Answers will vary.*

5. Numeri cardinali e ordinali A. 1. cento **2.** un quinto **3.** mezzo (una metà) **4.** diciannove **5.** due terzi **6.** milletrè **7.** ventunmila seicentoquarantotto **8.** un quarto **9.** sette ottavi **10.** un miliardo ottocentoquarantatrè milioni seicentocinquantaduemila sette centosessantuno **B.** *Answers will vary.* **C. 1.** decimo **2.** quarantatreesimo **3.** venticinquesimo **4.** nono **5.** centesimo **6.** sesto

Precisiamo! A. 1. affitto **2.** affittare / prendere in affitto **3.** danno in affitto **4.** hai noleggiata / hai presa a nolo **5.** noleggiano / danno a nolo **6.** noleggio **B.** *Answers will vary.*

Autovalutazione A. 1. si chiama **2.** è **3.** ha **4.** ha **5.** si chiama **6.** è **7.** sono **8.** siamo **9.** abbiamo **10.** siete **B. 1.** settembre. **2.** agosto. **3.** giugno **4.** lunedì **5.** domenica **6.** venerdì **C. 1.** ventotto **2.** primo **3.** dieci **4.** ventunesimo **5.** diciotto

APRITE LE ORECCHIE!

Lessico ed espressioni comunicative

Strutture 5. Numeri cardinali e ordinali A. 1. 78 **2.** 266 **3.** 1.000.100.000 **4.** 499 **5.** 3/4 **6.** 10.500

CAPITOLO 1

PRENDETE PENNA E CALAMAIO!

Lessico ed espressioni comunicative

Vocabolario attivo   A.   1. fa il bucato, stirare   **2.** fa il severo, si lamenta   **3.** si accontenta, prende in giro   **B.   1.** l'affitto, colpa   **2.** borsone, macchiata, puzzolente, mutande   **3.** gomme, lisce, una lumaca   **4.** secchione, lungolago

Strutture   1. Sostantivi   A.   1. i maschi   **2.** la sorella   **3.** il giornalista   **4.** il poeta   **5.** gli spettatori **6.** i colleghi   **7.** la moglie   **8.** gli uomini   **B.   1.** l'abitudine   **2.** gli elenchi   **3.** le manie   **4.** il brindisi **5.** i sistemi   **6.** le auto   **7.** i capoluoghi   **8.** gli antropologi   **9.** i maglioni   **10.** i figli   **11.** i medici **12.** il dito   **13.** gli sport   **14.** le gru   **C.   1.** gli dei, i templi (*o viceversa*)   **2.** paia, camicie   **3.** miglia **4.** colleghi, le mogli   **5.** carichi   **6.** bugie

2. Articolo determinativo   A.   1. gli   **2.** l', lo   **3.** gli   **4.** i, gli   **5.** lo, l'   **6.** gli   **7.** le   **8.** lo **B.   1.** Connie Chung fa la giornalista; è giornalista.   **2.** Umberto Eco fa lo scrittore; è scrittore. **3.** Nanni Moretti e Lina Wertmüller fanno i registi; sono registi.   **4.** David Letterman fa il presentatore; è presentatore.   **5.** Isabella Rossellini fa l'attrice; è attrice.   **C.   1.** L'   **2.** il   **3.** −   **4.** i   **5.** i   **6.** le **7.** le   **8.** Il   **9.** le   **10.** gli   **11.** −   **12.** −   **13.** La   **14.** l' / −   **15.** la   **16.** gli   **17.** le   **18.** Le   **19.** la **20.** le   **21.** i

3. Preposizioni semplici e articolate   A.   1. al, in, in, a   **2.** per, Fra / Tra   **3.** A, all', a   **4.** all', in, a **5.** al, in, A   **6.** Da, a, Dall'   **7.** in, alle, di   **8.** in, nei, in / di, a / in, nel   **B.   *Answers will vary.*

4. Presente indicativo dei verbi regolari   A.   1. ama   **2.** intende   **3.** Studia   **4.** parla   **5.** Conosce **6.** ospita   **7.** legge   **8.** trova   **9.** scrive   **10.** ascolta   **11.** guarda   **12.** Parte   **13.** finisce   **14.** Non vede l'ora

B.   *Possible answers:*   1. Frequento l'università da (due anni). Sono (due anni) che frequento l'università.   **2.** Conosco l'insegnante d'italiano da (pochi giorni). Sono (pochi giorni) che conosco l'insegnante d'italiano.   **3.** Studio italiano da (due anni). Sono (due anni) che studio italiano.   **4.** Vivo per conto mio (da sei mesi). Sono (sei mesi) che vivo per conto mio.   **5.** Non vedo la mia migliore amica da (un paio di giorni). È (un paio di giorni) che non vedo la mia migliore amica.

5. Presente indicativo dei verbi irregolari   A.   1. vai, va, andiamo, andate, vanno   **2.** traggo, trai, trae, traiamo, traete   **3.** salgo, sali, saliamo, salite, salgono   **4.** rimango, rimane, rimaniamo, rimanete, rimangono   **5.** so, sai, sa, sappiamo, sanno   **6.** tengo, tiene, teniamo, tenete, tengono   **7.** esco, esci, esce, uscite, escono   **B.   1.** Sta / fa   **2.** Beve, fa, dà   **3.** Fa, sceglie   **4.** Esce, sale   **5.** va, traduce / fa, distrae   **6.** Sta, va   **C.   *Answers will vary.***

6. Usi idiomatici di *avere, fare, dare* e *stare*   A.   1. hai intenzione, avere... anni   **2.** far compere, Ho bisogno   **3.** dare del Lei, diamo del tu   **4.** fare colazione, fare la spesa   **5.** stare zitti, dà l'esame   **6.** fare un regalo, Hai ragione   **7.** Fa... brutto tempo, ho voglia   **8.** sta... fermo, ha paura **B.   1.** danno una festa   **2.** fa la doccia   **3.** stanno per, hanno... fame   **4.** fa paura   **5.** ha mal di testa   **6.** fa il bagno   **7.** hanno sonno   **8.** fare la spesa   **C.   *Answers will vary.***

7. *Piacere* e verbi impersonali   A.   1. A Elena non sono piaciuti i piccioni in piazza del Duomo. **2.** Ad Anna e Lisa sono piaciute le ultime creazioni di Fendi.   **3.** A Franco e Gianni è piaciuto il risotto alla milanese.   **4.** A Domenico non è piaciuta l'opera.   **5.** A Michele e Laura è piaciuta la Pinacoteca di Brera.   **B.   1.** Ti bastano diecimila euro?   **2.** Mi mancano gli amici.   **3.** Le resta molto da fare sulla tesi.   **4.** Ci sono serviti gli appunti che ci hai dato.   **C.   *Answers will vary.***

Precisiamo!   A.   1. manca   **2.** serve   **3.** perso   **4.** se la merita   **5.** presta servizio   **6.** sento la mancanza   **B.   *Answers will vary.***

Autovalutazione   A.   1. dico   **2.** dare   **3.** adoro   **4.** prendete   **5.** capiamo   **B.   1.** farà **2.** Ho   **3.** fare   **4.** ho dato   **5.** Hanno   **C.   1.** *Possible answers:* Non ci piace...   **2.** A Marta e Giulia non piacciono...   **3.** Alla mamma non piace...   **4.** A me non piace...   **5.** Ai turisti americani non piacciono...

CAPITOLO 2

PRENDETE PENNA E CALAMAIO!

Lessico ed espressioni comunicative

Vocabolario attivo   A.   1. la merce   **2.** la pelle   **3.** i saldi   **4.** maleducato   **5.** scortese   **6.** fare acquisti   **7.** fare schifo   **8.** mercanteggiare   **9.** ricongiungersi   **B.   1.** una birra alla spina, di fila   **2.** uno stronzo, suda   **3.** è andato a male

Strutture   1. Articolo indeterminativo   A.   1. una   **2.** uno   **3.** un'   **4.** un   **5.** un   **6.** una   **7.** uno   **8.** un   **9.** un'   **10.** un   **B.   1.** un, −   **2.** −, un'   **3.** una, −, una   **4.** una   **5.** un   **6.** −

2. Presente indicativo dei verbi riflessivi e reciproci   A.   1. Si lava, si veste   **2.** si aiutano, recarsi   **3.** si annoia   **4.** si ferma, s'incontrano   **5.** si telefonano, si danno appuntamento   **6.** si toglie, si mette, riposarsi   **7.** si mette, si sdraia, si addormenta   **B.   1.** Roberta ha intenzione di iscriversi a un corso di T'ai Chi.   **2.** Voglio riposarmi di più / Mi voglio riposare di più perché sono molto stressato.   **3.** Non vogliamo più mangiarci le unghie / Non ci vogliamo più mangiare le unghie; è un tic veramente schifoso.   **4.** Dovete abituarvi / Vi dovete abituare a fare la sauna.   **5.** Anna e Naomi stanno attente a non arrabbiarsi per niente.   **6.** Luca ha bisogno di alzarsi alle sei e meditare per mezz'ora.   **C.** *Answers will vary.*

3. Aggettivi qualificativi   A.   1. le spiagge lunghe   **2.** la maglietta marrone   **3.** i begli uomini   **4.** i cavalli restii   **5.** il vecchio signore   **6.** la grand'amica   **7.** lo studioso egoista   **8.** la signora arrogante   **9.** i begli specchi   **10.** i giornalisti simpatici   **11.** le poltrone rosa   **B.** *Answers will vary.*   **C.   1.** patrono   **2.** lirica   **3.** mondana   **4.** importante   **5.** milanese   **6.** affollatissimi   **7.** pieni   **8.** elegantissimi   **9.** ultima   **10.** internazionale   **11.** note   **12.** lunga   **13.** viva   **14.** severo

4. Aggettivi e pronomi possessivi   1. la   **2.** tua   **3.** miei   **4.** mia   **5.** I tuoi   **6.** loro   **7.** miei   **8.** mio   **9.** i miei   **10.** la   **11.** la   **12.** il   **13.** mia   **14.** suo   **15.** il mio   **16.** i propri

5. Espressioni interrogative   A.   1. Con chi   **2.** Quante   **3.** A che   **4.** Quando   **5.** Qual   **6.** A che / A che cosa   **7.** Come   **8.** Per chi   **B.** *Answers will vary.*

Precisiamo!   A.   1. questione   **2.** richiesta   **3.** chiedere   **4.** domanda   **5.** richiesto   **6.** richiedono   **7.** domandavo   **B.** *Answers will vary.*

Autovalutazione   A.   1. Mi annoio   **2.** riposarsi   **3.** si sdraia   **4.** fermarmi   **5.** si danno appuntamento   **B.   1.** il mio / il tuo   **2.** le sue / le mie   **3.** la loro / la vostra   **C.   1.** Dove va Alex per fare il bucato?   **2.** Con chi è severo il padre di Alex?   **3.** Con cosa mi faccio la barba?   **4.** Cosa fanno quando si vedono?   **5.** Quando è aperta la biblioteca?

CAPITOLO 3

PRENDETE PENNA E CALAMAIO!

Lessico ed espressioni comunicative

Vocabolario attivo   1. La capoufficio, impacciato   **2.** un goccio, un cornetto, al verde   **3.** foglio, amabile, scorre via   **4.** l'ingresso, lo sconto   **5.** mettere in attesa, Per carità   **6.** al rallentatore

Strutture   1. *Dovere, potere* e *volere*   A.   1. devo, ci vogliono   **2.** dovete, possiamo   **3.** vuol, devi   **4.** vuoi, posso   **5.** vogliamo   **6.** Ci vuole, vuole, può   **B.** *Answers will vary.*

2. Passato prossimo   A.   1. avuto   **2.** vissuto   **3.** espresso   **4.** piaciuto   **5.** fatto   **6.** garantito   **7.** tolto   **8.** sopportato   **9.** prodotto   **10.** distratto   **B.   1.** Mi sono alzato   **2.** è suonata   **3.** Ho dimenticato   **4.** ha voluto   **5.** ho inciampato   **6.** ho perso   **7.** ho dovuto   **8.** ho incontrato   **9.** Ho detto   **10.** ha fissato   **11.** ha risposto   **12.** ha parlato   **13.** è partita   **14.** mi sono reso conto   **15.** ha dato   **C.   1.** avete passato, ho finito, siamo passati   **2.** Sei andato/a, ho corso   **3.** È / Ha nevicato, ha tirato, ho voluto / sono voluto/a   **4.** Sono corso/a, è successo, è suonata   **5.** È… finita, abbiamo cambiato, abbiamo deciso   **6.** siete andati/e, Ha suonato   **7.** è… cambiata, ha cominciato   **8.** Hai finito, ho potuto, sono dovuto/a   **D.** *Answers will vary.*

3. Imperfetto   A. Da giovane Alex passava le vacanze al mare, dove andava con i genitori. Dalla mattina alla sera era sulla spiaggia e pranzava sotto l'ombrellone. Prendeva il sole e quando faceva troppo caldo si tuffava e nuotava per mezz'ora. Uno poteva bagnarsi tranquillamente perché il mare non era ancora inquinato. Per di più, nessuno si preoccupava dei raggi UVA, e non bisognava mettersi la crema antisolare dopo ogni tuffo. Ritornava a casa verso le sette e cenava. Non mangiava molto perché faceva troppo caldo, però beveva tanta acqua minerale. Di solito non usciva perché aveva troppo sonno, e si addormentava davanti al televisore. Diceva sempre che questo era il periodo più bello della sua vita.   **B.**   *Answers will vary.*

4. Avverbi   A. (*Answers will vary.*)   **1.** là   **2.** volentieri   **3.** neanche   **4.** bene   **5.** di rado   **6.** con agitazione   **7.** presto   **8.** poco   **9.** non… più   **10.** facilmente   **11.** piano   **12.** leggermente   **B.   1.** Ballano stranamente.   **2.** Parla forte.   **3.** Guida piano.   **4.** Gioca aggressivamente.   **5.** Si comporta rispettosamente.   **6.** Studia diligentemente.

Precisiamo!   A.   1. da portare via   **2.** ci hai messo   **3.** si è tolta   **4.** disponibili   **5.** Ci vuole   **6.** franca   **7.** aperti   **8.** dubbia   **9.** impiegato   **B.** *Answers will vary.*

Autovalutazione   A.   1. deve   **2.** puoi   **3.** voglio   **4.** puoi   **5.** devo   **B.   1.** è piaciuto, sono piaciuti   **2.** mi sono fermato/a / ha fermato   **3.** ha detto, ha dato   **4.** ha letto, ha perso   **5.** ha capito, ha pulito   **C.** *Answers will vary.*

APRITE LE ORECCHIE!

Lessico ed espressioni comunicative

Strutture   1. *Dovere,* potere *e* volere   **C.   1.** vuole   **2.** può, deve   **3.** vuole, bene   **4.** ci vogliono   **5.** vuol dire

CAPITOLO 4

PRENDETE PENNA E CALAMAIO!

Lessico ed espressioni comunicative

Vocabolario attivo   A.   1. il magazzino   **2.** capiente   **3.** prodigo   **4.** stracciato   **5.** impedire   **6.** rammentare   **7.** aver da fare   **8.** a buon mercato   **B.   1.** un affare, sconticino, trattare   **2.** retrobottega, vetrina, di marca, Ci mancherebbe altro   **3.** riempi

Strutture   1. Pronomi diretti   A.   1. Sì, l'ho letto.   **2.** Sì, li ho trovati.   **3.** Sì, le ho ordinate.   **4.** Sì, l'ho chiamata.   **5.** Sì, l'ho letto   **B.   1.** Mi dispiace, non posso portarti / non ti posso portare a vederlo…   **2.** Mi dispiace, non posso invitarvi / non vi posso invitare questo weekend…   **3.** Mi dispiace, non posso accompagnarti / non ti posso accompagnare con la macchina…   **4.** Mi dispiace, non posso prepararle / non le posso preparare stasera…   **5.** Mi dispiace, non posso aspettarvi / non vi posso aspettare dopo la classe di yoga…   **6.** Mi dispiace, non posso andare a trovarlo / non lo posso andare a trovare…   **C.** *Answers will vary.*

2. Pronomi indiretti   A.   1. ti   **2.** Ti   **3.** vi   **4.** ti   **5.** mi   **6.** ti   **7.** ti   **8.** mi   **9.** ti   **10.** gli   **11.** ci   **12.** le   **13.** mi   **14.** ti   **15.** Mi   **B.   1.** Le ha dato un libro di cucina.   **2.** Gli ha regalato una bici.   **3.** Gli ha regalato / Ha regalato loro le felpe.   **4.** Le ha regalato un bel sacchetto di cotone da portare al mercato.   **5.** Gli ha regalato un'agenda.   **C.   1.** le, o, le, l', a, La   **2.** gli, o, gli   **3.** l', o, Le, o   **4.** ci, gli   **5.** mi, o, gli   **6.** l', a, lo, L', a   **7.** l', o, Le, e, le, o

3. Passato prossimo e imperfetto (riassunto)   A. Era un sabato pomeriggio di febbraio, grigio e un po' malinconico. Mi sentivo giù: mi trovavo a Boston da poco, e non conoscevo molta gente. Non mi piaceva il freddo, e pensavo perfino di tornare in Italia. Sfogliavo il giornale per vedere cosa c'era alla TV quando è suonato il telefono. Era Laura, una mia collega di lavoro. Mi ha detto che si trovava a

Beacon Hill con alcuni amici e ha chiesto se volevo uscire con loro. Ho risposto di sì, poi mi sono tolto la felpa e mi sono messo qualcosa di decente. Sono arrivati poco dopo. Volevano andare al cinema, ma non sapevano cosa proiettavano dalle mie parti. Abbiamo cercato sul giornale. Io ho proposto un film di Woody Allen, e gli altri erano d'accordo, ma Laura non ha voluto / voleva vederlo. Finalmente abbiamo deciso: l'ultimo film di *Indiana Jones*. Insomma, ci siamo divertiti un mondo al cinema, e poi siamo andati in una pizzeria. Ho conosciuto un po' gli amici di Laura (una giovane coppia di Cambridge), e li ho trovati molto simpatici; mi hanno invitato a cenare da loro domenica. Era mezzanotte quando sono tornato a casa: mi sentivo meglio, meno isolato, anche impaziente di tuffarmi nella nuova vita qui a Boston. **B. 1.** è arrivata **2.** ha affittato **3.** era **4.** cercavano **5.** servivano **6.** si sono rese conto **7.** c'era **8.** dovevano **9.** era **10.** mancava **11.** sono cominciate **12.** ha conosciuto **13.** si sentivano **14.** organizzavano **15.** è andata **16.** ha conosciuto **17.** piaceva **18.** sono diventati **19.** uscivano

4. Partitivo A. 1. dei **2.** delle **3.** dell' **4.** del **5.** del **6.** dell' **7.** del **8.** del **9.** del **10.** degli **11.** delle **12.** Del **13.** dell' **14.** delle **B. 1.** qualche **2.** parecchia **3.** –, – **4.** del / parecchio / un po' di, alcuni / dei / un po' di **5.** Parecchio **6.** –, –

5. Espressioni negative A. 1. No, non ha né lo studio né la sala da pranzo. **2.** No, non c'è neanche un balcone. **3.** Non c'è niente da fare da quelle parti. **4.** No, non passano mai a salutarmi. **5.** Nessuno abita da quelle parti. / Non abita nessuno da quelle parti. **6.** No, non abitano più vicino. **7.** No, non ha ancora rifatto i pavimenti. **8.** Non c'è niente di bello in quell'appartamento. **B. 1.** non **2.** non... niente **3.** neanche **4.** non... mai **5.** non... ancora **6.** non... più **7.** non... nessuno **8.** niente **9.** neanche **C.** *Answers will vary.*

6. Conoscere e sapere 1. Sai **2.** Conosci **3.** Conosci **4.** Sai, Sai **5.** Sai **6.** Conosci, Sai

Precisiamo! A. 1. gusto **2.** caccia **3.** degustare **4.** gusto **5.** di gusto **6.** saporito **7.** sapore **8.** assaggiar **9.** andare a caccia **10.** hanno... il gusto **B.** *Answers will vary.*

Autovalutazione A. 1. ti, li, la **2.** la, le, ti **3.** Mi, La, La/L' **B. 1.** è entrato **2.** c'era **3.** ha notato **4.** ha salutato **5.** conosceva **6.** sapeva **7.** andavano **8.** ha chiesto **9.** aveva **10.** ha risposto **11.** voleva **12.** ha detto **C.** *Answers will vary.*

CAPITOLO 5

PRENDETE PENNA E CALAMAIO!

Lessico ed espressioni comunicative

Vocabolario attivo A. 1. la persona che controlla i biglietti **2.** il caffè forte **3.** la persona che è a capo del personale di servizio di un treno **4.** l'apparecchio per farsi la barba **5.** una persona avara **6.** l'abbigliamento **B. 1.** la coincidenza **2.** andare in malora **3.** il rifornimento **4.** ritardare **5.** anziano **6.** piuttosto **C.** *Answers will vary.*

Strutture 1. Imperativo A. 1. Pierino, fa' presto! E anche voi fate presto! **2.** Annuccia, non parlare! E anche voi non parlate! **3.** Luca, finisci il compito! E anche voi finite il compito! **4.** Daniela, va' alla lavagna! E anche voi andate alla lavagna! **5.** Marco, prendi il gesso e scrivi! E anche voi prendete il gesso e scrivete! **6.** Pasquale, non tirare fuori la lingua! E anche voi non tirate fuori la lingua! **7.** Nina, siediti subito! E anche voi sedetevi subito! **8.** Tommaso, ascoltami! E anche voi ascoltatemi! **B. 1.** insistere, fammi, essere **2.** si accomodino, ci porti **3.** compriamone **4.** dagliele **5.** dimenticare, stammi **6.** Vattene, Portalo **7.** Andiamo, usciamo **8.** mi dica, mi faccia

2. Pronomi doppi A. 1. Gliel'ha offerta / L'ha offerta loro. **2.** Me li ha dati. **3.** Gliel'ha regalata. **4.** Glieli ha portati / Li ha portati loro. **5.** Ce l'ha aperta. **6.** Te li ha prestati. **7.** Gliel'ha spiegato. **8.** Me le ha spedite. **B. 1.** me ne intendo **2.** me la sbrigo **3.** ce ne siamo andati **4.** se l'è presa **5.** se la passano **6.** Ve la siete cavata **7.** se la gode **C.** *Answers will vary.*

3. Ci e ne A. 1. Gliene ha portati. **2.** Ci sono andati in metropolitana. **3.** Ci hanno mangiato. **4.** Ne hanno parlato molto. **5.** Dopo ne hanno visti alcuni. **6.** Fiora ha chiesto a Stefano se ne aveva voglia, e lui ha risposto di sì. **7.** Stefano è molto contento, perché ci è riuscito. **8.** Oggi al lavoro ci ha pensato continuamente. Che sia già un po' innamorato? **B.** **1.** ci sono voluti **2.** ci tenevo **3.** c'entra **4.** ce l'hanno **5.** ce l'ha fatta **6.** ci hanno messo

4. *Buono, bello, grande* e *Santo* **A.** **1.** bel, bella **2.** buon, buon **3.** buona; bell' **4.** buon, bella **B.** **1.** San **2.** grande, grande **3.** grandi, San **4.** Sant', Santo

Precisiamo! **A.** **1.** trovare **2.** visitare **3.** visita **4.** venite **5.** andiamo **6.** visitare **7.** passate / venite **B.** *Answers will vary.*

Autovalutazione **A.** **1.** alzati **2.** compralo **3.** scendiamo **4.** non scendere **5.** faccia **B.** **1.** La mia amica me li ha prestati. **2.** La maestra gliele spiega. **3.** Sì, glieli ho regalati. **4.** Sì, glieli porto. **5.** Gliel'ho spedita ieri. **C.** **1.** Ci sono già stato. **2.** Diceva di metterne cinque. **3.** Gliene ho già parlato. **4.** Ci vado spesso. **5.** Ne seguo quattro.

APRITE LE ORECCHIE!

Lessico ed espressioni comunicative

Strutture **3.** *Ci* e *ne* **B.** **1.** ce l'ha con **2.** ci ha messo **3.** c'entra **4.** ce la fa **5.** ci vogliono **6.** ci tiene

CAPITOLO 6

PRENDETE PENNA E CALAMAIO!

Lessico ed espressioni comunicative

Vocabolario attivo **1.** frastagliata **2.** rocciosa **3.** a precipizio **4.** un occhio della testa **5.** Accidenti **6.** vale la pena **7.** teso **8.** il telefonino **9.** esaurite **10.** appartarti **11.** ho premura **12.** i frutti di mare **13.** un goccio

Strutture **1. Futuro semplice** **A.** Quest'estate avrò bisogno di portare a termine vari progetti. Mi dedicherò sul serio agli studi: mi alzerò presto, e ripasserò tutte le materie del corso di fisica. (Così potrò dare l'esame appena comincerà l'anno accademico.) Imparerò anche ad utilizzare per bene il nuovo computer. Cercherò di fare ginnastica ogni giorno: a mezzogiorno andrò in palestra, farò un po' di sollevamento pesi e starò mezz'ora sulla bicicletta. Dopo mangerò qualcosa di leggero (un'insalata caprese e tanta frutta) e berrò un tè freddo. Niente caffè, però; quest'estate smetterò definitivamente di bere il caffè! Il pomeriggio mi metterò a scrivere (lavorerò sull'articolo per la nuova rivista scientifica). Dovrò probabilmente tradurre un saggio per la mia professoressa; vedrò quello che mi proporrà. La sera mi preparerò da mangiare: mangerò solo verdure. Dopo cena leggerò o uscirò con gli amici (magari a vedere un buon film, non le solite sciocchezze!); a volte gli amici verranno a casa mia per fare quattro chiacchiere. Una cosa sarà certa: andrò a letto presto. Non rimarrò più in piedi fino all'una o alle due di notte; dovrò abituarmi a un orario decente. A fine estate sarò veramente un altro! **B.** *Answers will vary.*

2. Futuro anteriore **A.** **1.** Io a maggio avrò già compiuto 21 anni. **2.** Io lunedì prossimo avrò già consegnato la relazione di storia. **3.** Io giovedì mi sarò già iscritta a un corso di yoga. **4.** Io venerdì a quest'ora sarò già partita per la campagna. **5.** Io l'anno prossimo mi sarò già laureata. **6.** A Natale i genitori mi avranno già comprato la moto. **B.** **1.** si sarà messa **2.** sarà successo **3.** si sarà fermata **4.** Avrà telefonato **5.** Avrà avuto **6.** sarà stato **7.** sarà capitato **8.** avrà dimenticato **9.** sarà stata

3. Condizionale presente e passato **A.** **1.** potrebbe **2.** sapresti, presenteresti **3.** vorrebbe **4.** mangerei **5.** dovresti **6.** chiuderebbe **7.** sarebbe **8.** diresti **9.** preferirebbero **10.** mancherebbe **B.** **1.** Ho detto che l'avrei accompagnata all'aeroporto. **2.** Hanno detto che si sarebbero occupati della sua posta. **3.** Ha detto che sarebbe andato a ritirare il suo biglietto. **4.** Avete detto che avreste annaffiato le sue piante. **5.** Abbiamo detto che avremmo tenuto d'occhio la sua macchina. **6.** Ha detto che sarebbe venuto a prenderla all'aeroporto. **C.** **1.** avrebbe rifiutato **2.** le era sempre piaciuto **3.** sarebbe uscita **4.** abbandonava **5.** gli sarebbe piaciuto **6.** rispondeva sempre **7.** Dovresti **8.** non gli badava mai **9.** gli diceva **10.** non ha potuto **11.** avrebbe potuto **12.** non poteva utilizzare **13.** aveva **D.** *Answers will vary.*

4. *Dire, raccontare* e *parlare*   A.   1. parlare, dici, dico   **2.** parla, raccontare   **3.** parla, raccontiamo
4. dice, parlare   **5.** parlano, dico   **6.** dire, dice, racconta   **B.   1.** raccontare   **2.** Dici   **3.** parli
4. parli   **5.** dicono   **6.** raccontare

5. Costruzioni impersonali con *si*   A.   *Answers will vary.*   B.   1. si fa   **2.** si distribuiscono   **3.** si
vendono   **4.** si può, si sente   **5.** ci si iscrive   **6.** si fa

6. Aggettivi e pronomi dimostrativi   1. questo; Sì, ma quello di mia sorella è più bello.   **2.** questi;
Sì, ma quelli di mia sorella sono più belli.   **3.** questa; Sì, ma quella di mia sorella è più bella.
4. queste; Sì, ma quelle di mia sorella sono più belle.   **5.** questi; Sì, ma quelli di mia sorella sono più
belli.   **6.** questa; Sì, ma quella di mia sorella è più bella.

Precisiamo!   A.   1. degli scarichi   **2.** sprecare   **3.** la perdita   **4.** si sciupano   **5.** porcherie
6. cestino   **7.** da due soldi   **8.** gettarli   **B.   *Answers will vary.***

Autovalutazione   A.   1. telefonerò   **2.** mangeremo   **3.** berrò, berrai   **4.** pagheremo, pagherò
5. vorremo ritornare, cercheremo   **6.** verrò   **B.   1.** avrei voluto, avrei dovuto   **2.** prenoterebbe
3. sarebbe arrivato   **4.** piacerebbe   **5.** avrei scelto   **C.   1.** si parla   **2.** si dice   **3.** si dice / si racconta
4. Si dice   **5.** si parla

CAPITOLO 7

PRENDETE PENNA E CALAMAIO!

Lessico ed espressioni comunicative

Vocabolario attivo   1. uno schifo   **2.** una spugna, saporito   **3.** rivolto, prende in giro, scoppia
4. sghignazzare, coerente   **5.** ti intrometti

Strutture   1. Congiuntivo presente   A.   1. Desidero che se ne vadano alla fine del mese.   **2.** Mi
aspetto che si finiscano i restauri entro il 15 giugno.   **3.** Dubito che sia manager all'Olivetti.   **4.** Penso
che esca con un giovane marocchino.   **5.** È giusto che rimanga a casa con i figli.   **6.** È necessario che
parcheggino la macchina lontano da qui.   **7.** Mi dispiace che abbia tanti problemi.   **8.** Non credo che
faccia l'avvocato.   **B.   1.** accompagni, arrivare   **2.** facciate, farci fretta   **3.** parta, cominciare   **4.** vuole,
siano   **5.** esce, si ubriaca, si comporti   **6.** ripeta, dirò   **C.   1.** Mi fa piacere che comprate la villetta.
Sperate di comprare la villetta. Vedo che comprate la villetta.   **2.** I Serianni vogliono rimanere a
Milano. Non credo che i Serianni rimangano a Milano. Ho saputo che i Serianni rimangono a Milano.
3. Suppongo che Luca debba cambiare casa. Luca pensa di dover cambiare casa. Sono sicura che Luca
deve cambiare casa.   **4.** Speri di andartene a Roma. Mi dispiace che tu te ne vada a Roma. Mi dicono
che te ne vai a Roma.

2. Congiunzioni   A.   1. dopo che   **2.** siccome   **3.** fuorché   **4.** Dato che   **5.** infatti   **6.** Tuttavia
B.   1. portano   **2.** si mettano   **3.** cominciano   **4.** diano   **5.** prende   **6.** dica   **7.** possa
8. si accorgono   **C.   *Answers will vary.***

3. Aggettivi e pronomi indefiniti   A.   1. niente   **2.** molto   **3.** tanta   **4.** tutte le   **5.** qualsiasi
6. nessun'   **7.** qualcosa   **8.** nessuno   **B.   1.** alcuni (certi)   **2.** certa   **3.** niente, troppo   **4.** altro
5. alcune (parecchie)   **6.** nessun

Precisiamo!   A.   1. educazione   **2.** istruito   **3.** fare un corso   **4.** maleducata   **5.** respinto
6. sgobbare   **7.** sgobbato tutta la notte.   **B.   *Answers will vary.***

Autovalutazione   A.   1. mi laurei   **2.** è   **3.** scelgano   **4.** offra   **5.** serva   **B.   1.** è   **2.** meritino
3. offrano   **4.** sappia   **5.** piaccia   **C.   1.** alcuni   **2.** nessuna   **3.** Qualcuno   **4.** Qualunque   **5.** nessuno

CAPITOLO 8

PRENDETE PENNA E CALAMAIO!

Lessico ed espressioni comunicative

Vocabolario attivo A. 1. il casino **2.** disponibile **3.** solitario **4.** annullare **5.** mettere via
6. arrangiarsi **7.** raggiungere **B. 1.** la busta, che c'entro **2.** sfrattati, mettere via **3.** piace un casino, Un corno

Strutture 1. Pronomi tonici A. 1. lui **2.** sé **3.** a me **4.** a noi **5.** a lei **6.** a lui **7.** lui **8.** a noi
9. sé **10.** loro **11.** A voi **B. 1.** noi **2.** di voi **3.** di me **4.** loro, sé **5.** lui **6.** di noi

2. Altri usi del congiuntivo A. 1. vada, rimanga **2.** vuole, richiamo **3.** sia, cerchi **4.** possa, sia
5. cerchi, – **6.** funziona, costa **7.** –, vadano **8.** conosca, sia **B. 1.** Che abbia oggi la lezione di
canto? **2.** Che passi a prendere Monica? **3.** Che vadano stasera al concerto di Beyoncé? **4.** Che
mangino dalla zia Lucia? **5.** Che insegni stasera alla scuola di karatè? **6.** Che mi aspetti in centro?

3. Congiuntivo passato A. 1. abbia fatto **2.** ti sia sistemata **3.** abbia scritto **4.** abbia ricevuto
5. abbiano passato **6.** abbiano mandato **7.** ti sia sposata **8.** sia stato **9.** sia rimasto **10.** siate riusciti
B. 1. sia andata **2.** si siano messi **3.** sono riusciti **4.** ha fatto **5.** abbia dimenticato **6.** è badato
7. abbiamo ordinato **8.** abbiano capito **9.** è fatto **10.** abbia trovato **C.** *Answers will vary.*

4. Congiuntivo imperfetto e trapassato A. 1. Vorrei che i miei figli spendessero meno. **2.** Sarebbe
bello se dessero più programmi documentari alla TV. **3.** Preferirei che ci fossero più mercati qui vicino.
4. Pensavo che questa casa avesse più armadi. **5.** Se potessimo comprare la Jaguar! **6.** Magari fossi
ancora giovane! **7.** Bisognava che andassimo a vivere in una casa veramente bella. **8.** Almeno
facesse fresco. **B. 1.** Pensavo che avesse avuto una femminuccia. **2.** Immaginavo che si fosse
licenziata mesi fa. **3.** Sembrava che si fosse messo con Lisa. **4.** Supponevo che aveste comprato la
Lexus. **5.** Avevo l'impressione che avessi preso l'appartamento in via delle Oche. **6.** Credevo che si
fossero già lasciati. **C.** *Answers will vary.*

Precisiamo! A. 1. realizzare i **2.** sensitiva **3.** poco profondo **4.** Si è resa conto **5.** piano **6.** capito
7. superficiale **8.** sensibile **9.** Mi commuovo facilmente **10.** leggero **B.** *Answers will vary.*

Autovalutazione A. 1. abbia noleggiato **2.** ha fatto **3.** ha noleggiato **4.** abbiano fatto
5. si sono comportati **B. 1.** guadagnasse **2.** ci fossero **3.** avessero capito **4.** piacesse **C. 1.** te
2. lei **3.** voi **4.** me **5.** lui

CAPITOLO 9

PRENDETE PENNA E CALAMAIO!

Lessico ed espressioni comunicative

Vocabolario attivo A. 1. c **2.** h **3.** a **4.** b **5.** d **6.** g **7.** e **8.** f **B.** *Answers will vary.*
C. *Answers will vary.*

Strutture 1. Periodo ipotetico con *se* **A. 1.** g **2.** h **3.** f **4.** e **5.** c **6.** b **7.** d **8.** a
B. 1. doveva **2.** andiamo, cerchiamo **3.** presento **4.** avessi accettato **5.** avresti dovuto
6. vedrò **7.** fossero partiti/e **8.** compro **C.** *Answers will vary.*

2. Concordanza dei tempi nel congiuntivo A. 1. accettassimo **2.** fossero **3.** tornino **4.** cercassero
5. lavorino **6.** avesse protestato **7.** siano **8.** sia… successo **9.** fossero **B.** *Answers will vary.*

3. Comparativo A. 1. di più **2.** più, che, più, di **3.** quanto / come **4.** Meno, di quel che / di
quanto **5.** meno di quanto **6.** Meno di **7.** più, che **8.** quanto **9.** più, più, che **10.** di più
B. *Answers will vary.*

4. Superlativo   A.   1. È un gelato deliziosissimo; è il gelato più delizioso che io abbia mai assaggiato. **2.** È un negozio elegantissimo; è il negozio più elegante che io abbia mai visitato.   **3.** È una rivista interessantissima; è la rivista più interessante che io abbia mai letto.   **4.** Sono quadri bellissimi; sono i quadri più belli che io abbia mai visto.   **5.** È un palazzo antichissimo; è il palazzo più antico che io abbia mai visitato.   **6.** Sono persone gentilissime; sono le persone più gentili che io abbia mai conosciuto.   **7.** Sono professori bravissimi; sono i professori più bravi che io abbia mai avuto. **8.** È un vino buonissimo; è il vino più buono che io abbia mai bevuto.   **B.   1.** Sono innamorati cotti. **2.** Preferisce le case ultramoderne.   **3.** Sono arcistufa delle vostre sciocchezze!   **4.** Fa un freddo pungente da quelle parti.   **5.** Questa valigia è piena zeppa; non ci si può mettere più niente.   **6.** Sono stanco morto; vado a dormire subito dopo cena.   **7.** Ha dei gusti strani; preferisce la bistecca stracotta. **8.** Quei due hanno bevuto tutta la sera; ora sono ubriachi fradici.   **C.   1.** Le spiagge più belle degli Stati Uniti…   **2.** La città più interessante dell'ovest…   **3.** La regione più pittoresca dell'est…   **4.** I pesci più buoni degli Stati Uniti…   **5.** I musei più interessanti del paese…

Precisiamo!   A.   1. disponibili   **2.** franca   **3.** aperti   **4.** dubbia   **B.** *Answers will vary.*

Autovalutazione   A.   1. trova   **2.** avrebbero rischiato   **3.** avesse   **B.   1.** Trovare lavoro è tanto difficile in Italia quanto in Spagna.   **2.** Ci sono più lavoratori stranieri in Italia che in Inghilterra. **3.** I lavoratori stranieri guadagnano meno degli italiani.   **C.   1.** d'   **2.** che   **3.** che   **D.   1.** fossero arrivati   **2.** abbia bisogno   **3.** abbiano trovato

APRITE LE ORECCHIE!

Lessico ed espressioni comunicative

Vocabolario attivo   B.   1. mi potresti fare un prestito, mettere qualcosa sotto i denti   **2.** se ce la faccio, non avere premura   **3.** ho una fame da lupi, vietano

CAPITOLO 10

PRENDETE PENNA E CALAMAIO!

Lessico ed espressioni comunicative

Vocabolario attivo   1. l'alito, un sorso, grappa, mirtillo   **2.** un boccone   **3.** schifato, seccato, un pugno, vomitare   **4.** multato, lo scontrino, la bancota, banco

Strutture   1. Comparativi e superlativi irregolari   A.   1. il migliore   **2.** peggiore   **3.** di meno   **4.** di più **5.** il meno   **6.** meglio di   **7.** il peggiore   **8.** peggio di   **B.   1.** migliore   **2.** minore   **3.** inferiore **4.** più grande   **5.** superiore   **6.** più alto   **7.** più piccolo   **8.** di più   **9.** peggiore   **10.** migliori

2. Costruzione passiva   A.   1. Il Gruppo Benetton è stato iniziato nel 1965 da Luciano, Giuliana, Gilberto e Carlo Benetton.   **2.** L'abbigliamento dai colori vivaci è prodotto da Benetton.   **3.** I prodotti del Gruppo Benetton sono venduti in 120 paesi del mondo.   **4.** Le loro campagne di pubblicità sono ammirate da tutto il mondo.   **5.** Molte foto controverse per le campagne Benetton sono state scattate da Oliviero Toscani.   **6.** Circa 150 milioni di capi sono venduti ogni anno dal Benetton in 5.000 negozi moderni.   **B.   1.** I manifesti vanno affissi.   **2.** Tutti gli stilisti vanno richiamati.   **3.** Quelle tavole per il ricevimento vanno sistemate bene.   **4.** Le bibite per le modelle vanno ordinate.   **5.** I fotografi vanno invitati.   **6.** Le luci e la musica vanno controllati.

3. Pronomi relativi   A.   1. cui   **2.** Quello / Ciò di cui   **3.** i cui   **4.** ciò / quel / quello che **5.** quella che   **B.** *Answers will vary.*

4. Altre preposizioni   A.   1. dietro   **2.** davanti al   **3.** sopra   **4.** Sugli   **5.** Sotto   **6.** dentro **7.** vicino al   **8.** lontano dal   **9.** Lungo   **10.** intorno allo   **11.** fuori dalla   **B.   1.** Di fronte alla, dietro **2.** davanti, oltre   **3.** tranne, presso   **4.** insieme, senza, durante   **5.** verso le, dopo

Precisiamo!   A.   1. qua   **2.** più di là che di qua   **3.** qui   **4.** lì   **5.** di qua, di là   **6.** là   **B.** *Answers will vary.*

Autovalutazione A. 1. meglio **2.** miglior **3.** peggiore **4.** peggio **B. 1.** è stato scritto **2.** sia stata inventata **3.** sarebbe stata comprata **C. 1.** che **2.** per cui **3.** quello che **4.** che **5.** a cui **D. 1.** al **2.** dal **3.** il, alla **4.** lo **5.** i

APRITE LE ORECCHIE!

Lessico ed espressioni comunicative

Ascoltiamo! 1. lana **2.** cucina **3.** lattine **4.** divano **5.** buttava via **6.** centinaia **7.** specializzarsi **8.** sviluppare **9.** argento **10.** otto **11.** verranno fuori

CAPITOLO 11

PRENDETE PENNA E CALAMAIO!

Lessico ed espressioni comunicative

Vocabolario attivo A. 1. il treno **2.** il passatempo **3.** la strada **4.** laborioso **5.** non capire **6.** rallentare **B.** *Answers will vary.*

Strutture 1. Passato remoto A. 1. accesi, accendesti, accese, accendemmo, accendeste **2.** ebbi, ebbe, avemmo, aveste, ebbero **3.** credesti, credè, credemmo, credeste, crederono **4.** dissi, dicesti, disse, diceste, dissero **5.** fui, fu, fummo, foste, furono **6.** feci, facesti, fece, facemmo, fecero **7.** parlai, parlasti, parlò, parlammo, parlaste **8.** risposi, rispondesti, rispondemmo, rispondeste, risposero **B. 1.** badarono, si occuparono **2.** controllarono, dovettero **3.** fecero, spensero **4.** furono, elessero **5.** tacquero, discussero **6.** andarono, rimasero

2. Gerundio e tempi progressivi A. 1. sta bevendo l'acqua **2.** stanno praticando il karatè **3.** sta prendendo il sole, si sta procurando una bella scottatura **4.** stanno dipingendo dei quadri **5.** stanno facendo volare un aquilone **6.** stanno giocando a palla **B.** *Answers will vary.* **C. 1.** Intendomene dei film italiani, mi piace parlarne con i miei amici. **2.** Sabato scorso mangiando nel Roxbury Café, ho conosciuto Charlize Theron. **3.** Conoscendola sono rimasta stupita dalla sua bellezza naturale. **4.** Essendo stata contraria alla carriera d'attrice di mia figlia, sono arrivata alla conclusione che sia meglio appoggiarla. **5.** Pur non recitando bene, quell'attore riesce sempre a trovare lavoro.

3. Participio presente e passato 1. stimolante **2.** credente **3.** insegnante **4.** sorprendente **5.** andante **6.** sorgente **7.** pulsante **8.** apparente **9.** assistente **10.** agente

4. Infinito A. 1. Voglio fermarmi a salutare gli ospiti di Anna. Voglio fermarmi a salutarli. **2.** Ho bisogno di iscrivermi al corso di Reiki. **3.** Ho promesso di portare il cane dal veterinario. Ho promesso di portarlo dal veterinario. **4.** Spero di fare un'oretta di footing. Spero di farne un'oretta. **5.** Devo cominciare a scrivere la relazione sui film di Pasolini. Devo cominciare a scriverla. **6.** Voglio finire di leggere l'ultimo libro di John Grisham. Voglio finire di leggerlo. **7.** Vorrei passare a farmi fare la manicure. Vorrei passare a farmela fare. **8.** Devo andare a vedere il film per il corso di cinema. Devo andare a vederlo. **B. 1.** di **2.** a **3.** a **4.** da, di **5.** per **6.** a **7.** a **8.** a **9.** di, ad **10.** Col, a **11.** di **12.** ad **C. 1.** Mi pento di esserci andato. **2.** Penso di averne dette tante. **3.** Ho fatto male ad averla presa in giro. **4.** Credo di averli insultati. **5.** Mi dispiace di averli raccontati a tutti. **6.** Credo di averne parlato abbastanza.

Precisiamo! A. 1. disinvolto **2.** azzuffati **3.** bisticciato **4.** casuale **5.** sono venuti alle mani **6.** sportivo **7.** ha litigato **8.** fare a pugni **9.** con indifferenza **10.** per caso **B.** *Answers will vary.*

Autovalutazione A. 1. fece **2.** scrisse **3.** piacquero **4.** lesse, disse **5.** si trasferì **B. 1.** Svolgendosi **2.** Non essendoci **3.** Passeggiando **4.** Pur essendoci **5.** Avendo letto **C. 1.** Ho promesso di andare al cinema con Simona. **2.** Spero di incontrare quel giovane regista per un'intervista. **3.** Voglio guardare tutti i film di Antonioni. **4.** Mi interessa visitare Cinecittà oggi pomeriggio.

Lessico ed espressioni comunicative

Vocabolario attivo   B.   1. sfaccendato   **2.** trascini   **3.** sbrighi   **4.** si accorga   **5.** facendo lo spiritoso
6. un occhio della testa   **7.** all'antica

CAPITOLO 12

PRENDETE PENNA E CALAMAIO!

Lessico ed espressioni comunicative

Vocabolario attivo   A.   1. la rondine   **2.** taciturno   **3.** diritto   **4.** non impressionare   **5.** annoiarsi
6. essere triste   **7.** anche   **8.** attardarsi   **B.   1.** biglietto da visita, un tuffo, sudato, percorrere
2. colpito, sommersi, affacciarsi, tramontare   **3.** gestisce, in cima, di fianco, ritirare

Strutture   1. Trapassato prossimo e remoto   A.   1. Ci ero già andata l'altra volta.   **2.** Li avevamo
già provati l'altra volta.   **3.** Mi ci ero già fermato l'altra volta.   **4.** Me ne ero già comprato uno l'altra
volta.   **5.** Le avevamo già visitate l'altra volta.   **6.** Ne avevo già vista una l'altra volta.   **B.   1.** fu
cresciuta   **2.** domandarono   **3.** rifiutò   **4.** giurò   **5.** dissero   **6.** si mise   **7.** riguardò   **8.** ebbe
pensato   **9.** propose

2. *Fare* + infinito   A.   1. Ora la fa preparare a suo marito.   **2.** Ora lo fa fare alla domestica.   **3.** Ora
lo fa lavare alle sue figlie.   **4.** Ora le fa accompagnare a suo marito.   **5.** Ora se la fa fare dall'estetista.
6. Ora se li fa stirare dalla tintoria.   **B.   1.** Gliel'ho fatto passare.   **2.** Ve l'ho fatta tagliare.   **3.** Gliele
ho fatte pagare.   **4.** Te l'ho fatta comprare.   **5.** Glieli ho fatti lavare / Li ho fatti lavare da loro.
6. Ve le ho fatte verniciare.   **C.** *Answers will vary.*

3. *Lasciare* + infinito   A.   1. Non lascia guidare la macchina ai suoi figli. Non gli permette / Non
permette loro di guidare la macchina.   **2.** Non lascia suo figlio andare in vacanza con gli amici. Non
gli permette di andare in vacanza con gli amici.   **3.** Non lascia frequentare l'accademia di belle arti
alla sua figlia maggiore. Non le permette di frequentare l'accademia di belle arti.   **4.** Non lascia
mettere il rossetto alle sue figlie. Non gli permette (Non permette loro) di mettere il rossetto.   **5.** Non
lascia andare al cinema da sola la sua figlia minore. Non le permette di andare al cinema da sola.
6. Non lascia comprare la moto a suo figlio. Non gli permette di comprare la moto.   **B.   1.** Ce le ha
lasciate registrare.   **2.** Ce l'ha lasciato rimandare una volta.   **3.** Non ce li ha lasciati consegnare in
ritardo.   **4.** Ce ne ha lasciata portare una a lezione.   **5.** Ce li ha lasciati usare all'esame.   **6.** Non ce li
ha lasciati usare.   **C.** *Answers will vary.*

4. Verbi di percezione + infinito   A.   1. Ho visto gli innamorati che si abbracciavano.   **2.** Ho guardato
una ragazza che praticava il T'ai Chi.   **3.** Ho sentito i giovani musicisti che suonavano.   **4.** Ho osservato
un vecchio signore che dipingeva il paesaggio.   **5.** Ho visto molta gente che correva.   **6.** Ho sentito
gli uccelli che cantavano.   **B.   1.** Li ho visti abbracciarsi.   **2.** L'ho guardata praticare il T'ai Chi.
3. Li ho sentiti suonare.   **4.** L'ho osservato dipingere il paesaggio.   **5.** L'ho vista correre.   **6.** Li ho
sentiti cantare.   **C.** *Answers will vary.*

5. Suffissi   A. *Answers will vary.*   **B.   1.** Benone   **2.** maluccio   **3.** affarone   **4.** parolacce   **5.** dolciastra
6. giretto   **7.** ragazzaccio   **8.** Grassocci   **9.** ragazzina

Precisiamo!   A.   1. ha tenuto in piedi   **2.** Ho sentito parlare   **3.** impedire   **4.** nascondere   **5.** ricevo /
ho notizie   **6.** ha trattenuto   **7.** tenermi in contatto   **8.** celebreremo   **9.** tenere   **10.** Ho sentito dire
B. *Answers will vary.*

Autovalutazione   A.   1. Perché gliel'avevo già detto la settimana scorsa.   **2.** Perché c'ero già andato
l'anno scorso.   **3.** Perché gliel'ho già detto molti anni fa.   **B.** *Answers will vary.*
C. *Answers will vary.*